読めば分かるは当たり前？ 読解力の認知心理学

犬塚美輪 Inuzuka Miwa

★――ちくまプリマー新書
480

目次 ＊ Contents

はじめに

「日本人なんだから、日本語が読めるのは当たり前だ」

と言われると、たしかにそうかもしれないという気がしてきますね。国語や現代文の授業でわざわざ勉強しなくたって読めばわかるよ、という人もいるかもしれません。

ですが、「勉強しようと思って教科書を開いてみたけど、何を言ってるのか全然わからなかった」とか、「説明書を読んだのにやり方を間違えて失敗してしまった」という経験をした人もいるでしょう。国語が苦手だという人の中には、「読み取りの問題でどれが正解の選択肢なのか分からない」という人もいるかもしれません。こうしてみると、日本語でも読んで分からないことがたくさんありそうですね。

読んで分かるのは当たり前、読んで分からないことがたくさんある、一体どっちなのでしょうか。

「読んで分かるのは当たり前」だという人の中には、「読んで分からないのは〝読解力〟

がないからだ」という人もいます。そう言われるとなるほど、という気持ちになりますね。なるほど、読んでわかるのは当たり前だけど〝読解力〟がないとわからないことがある、というのは説明になるような気がします。

では、〝読解力〟がなくて、「読んでもわからない」とどんな問題があるでしょうか。

①「あなたに有利な条件だから」と嘘《うそ》をつかれて不利な契約書にサインしてしまった
②テストの解説を読んでもなぜ間違いなのかわからない。もういいや
③仕事に必要な資格のためにテキストを読んだがちっとも頭に入らない
④小説を読んでも面白さがわからない
⑤よく読むとインチキなのに気づかず商品を買ってしまった

……できれば避けたいことばかりですね。どうやら「読んでわかること」は重要そうで、読解力が必要そうです。

読解力は身につくのか

では、どうすれば読解力は身につけられるのでしょうか。「読解力」をキーワードにネット検索をしてみると、「読解力を伸ばすには」と題したウェブページをいくつも見つけることができます。こういうウェブページに書いてあることに従えば読解力がつくでしょうか。はじめに期待をへし折って恐縮ですが、そんなにすぐに「読解力」はつかない、ということははっきりさせておかなければなりません。ウェブページのせいばかりではなく、この本を読んでもたぶんそんなに「読解力」は身につきません。ごめんなさい。

言い訳をすると、そもそも「読解力」というまとめ方が雑すぎるのです。たとえば、「サッカーができる力」を「サッカー力」と名付けたとして、「このトレーニングをしたら一週間でサッカーが上手になります」と言われたら「そんなにすぐには無理でしょう」と思うはずです。数学ができる力を「数学力」として、「この一冊で数学力が身につきます」と言われても同じように感じるのではありませんか？

先で述べたように、「読んでわかる力」を「読解力」と呼ぶのは、人間のある種の能力をたいへんざっくりと大きくくくったもので、「サッカー力」や「数学力」のようなものです。ですから、この本を一冊読んだだけでガラッと変わるようなものではないと思いませんか。がっかりされたかもしれませんが、「この塾に通えばすぐに」「このトレーニングをすればすぐに」読解力を身につけられますよ、という話は信じない方がよいでしょう。世の中、うまい話はそんなにないのです。

では、読解力を身につけることはできないのか、というとそういうことではありません。

読解力は生まれつきのセンスであるとか、小さいうちに鍛えないとダメだという人もいますが、そんなことはありません。「読解力は〇歳までが勝負」「読解力は〇歳以降は伸びない」というような年齢制限を主張するのも基本的には誤りだということです。こちらは今から「読解力を身につけよう！」と考えている人には朗報ですね。

読解力の獲得に年齢制限があるという主張には、読み聞かせや絵本などの幼少期の体験を重視するものが多いようです。幼少期に読み聞かせをすることや、絵本を読む経験はさまざまな意味で人間の能力や感情の豊かさを育みます。もちろん、言葉への興味や語彙の獲得にこれらの活動が有効でもあることが示されていますから、読解力を高める上でも良いことだと言えるでしょう。ですから、これらが必要ないとか意味がないというわけではありません。しかし、幼少期の読み聞かせや絵本を読む経験が「重要で良いものである」ということは「それがなければダメである」ということを意味するわけではありません。中学生・高校生になってから、大学生になってからも読解力は大きく成長します。大人になってから読むのが好きになったという人は私の周りにも大勢います。「自分はもう手遅れだ」とあきらめてしまう必要はありません。

「もう自分は十分読解力がある」と満足している人もいるかもしれませんが、ちょっと待ってください。この年齢でこれが読めればもう読解力はコンプリート、というような基準があるわけではない、というのも重要なことです。「自分は国語のテストが得意だから読解力がある、もう読解力は身についているから、これから頑張らなくてもＯＫ」と考えるのは間違いです。小学生が「ぼくはもう絵本は全部読めるから、読解力は十分」と言っていたら「いやいや、これから先、もっと難しい本、全然違うタイプの本を読むことになるよ」と教えてあげたくなりますね。同じことです。高校生のときに高校生向けの小説を読めることが、大学生になって教科書を読めることを約束してくれるわけではありません。読み手の知識や置かれた状況、これから身につけたい知識など、様々な要因で読む対象は変わっていきます。成長すればしただけ、次に読みたい本、読むべき本が変わっていきます。ですから、ある時点で「十分な読解力がある」ということがゴールに到達したことを意味するわけではないのです。読解力は、「はい、身につきました、終了」というものではなく、絶えず鍛えていかなくてはならないものだと言えるでしょう。

そもそも読解力とはなんなのか

それでは具体的にどうすればよいのか、と考えようとすると、実は私たちは「読解力」がそもそも何なのかよく知らないということに気づきます。「読解力がある」「読んでわかる」とはどういうことなのでしょうか。実はこの問いに十分答えられる人は少ないのではないかと思います。私はこれまで、読解力についてずいぶん多くの人とお話ししましたが、「読解力が大事！」と言っている大人の多くはなんとなくフワッと「読解力」というものをイメージしていて、それが大事だ大事だと言っているのです。人によってはずいぶんと違う「読解力」をイメージしていることもあります。それぞれの人が思い浮かべる「読解力」のイメージは実は色々で、「わかる」とはどんな状態を指しているのかもバラバラだと言って良いように思います。

私たちは「読解力がある」という状態を目的地に設定しているけれども、それがどんな場所なのか、よく分かっていないのかもしれません。もっと言うと、自分の「読解力」の現状や、どうすれば望んでいるような「読解力がある状態」にたどり着けるのか、その道筋も、実はよく分かっていないのではないでしょうか。「なんかよくわからないけど〝読解力〟を高めたいな」と思っている状態は、地図を持たずに知らない土地にいるような状態だと言えるのかもしれません。

ですから、私はこの本を「読解力を高めるための地図」にしたいと考えています。つまり、読むことや読解力について、目的地、現在地、目的地への道筋をお示しするのがこの本の役目です。この本を読んですぐに読解力が向上するわけではないけれど、どんなふうになればよいか、今自分はどういう状況か、どうすれば「読解力のある人」になれそうか、その地図を読んだ人ひとりひとりが描ければよいなと考えています。

地図としてこの本がはじめにお示しするのは読解力の「目的地」です。私たちはどんなふうになりたいのか、読解力があるってどういうことか、まずは目的地をみんなで確認しましょう。

目的地を理解したら、次は現在地を知らなくてはなりません。自分の読解力がどういう状態なのか、「私は読解力がない」というのはどういうことなのかを丁寧に考えてみましょう。自分の読解力を知るためには、心理学の研究知見が役に立ちます。「分からない」「読むのが難しい」というのはどういう状態なのか、心理学的に紐解《ひもと》いていきます。

目的地と現在地、つまり「読解力があるとはどういうことか」また「読解力がない状態とは何ができない状態なのか」をハッキリさせたいのは、それが道筋を考えることにつながるからです。道筋がわかると、より良い練習ができます。スポーツでも勉強でも、何かを上手にできるようになるためには、「良い練習」が必要です。自分の弱点や改善のポイントを知らずにやみくもにやってもなかなか成果は上がりませんね。理想的なバッティングフォーム（目的地）と、自分のクセ（現在地）を意識せずに「素振り一〇〇〇回！」とやってみてもあまり効果はありません。現在地から目的地に進む道筋を考えて練習することが重要です。読解力も同じことです。目指す読解力の姿と自分の読解のクセやつまずきを知ることで、自分の読解力を高めるためにもっとも良さそうな練習方法はなにかを選べるようになることが重要です。

「自分で考えないとダメ？　とにかくどうしたらいいかだけさっさと教えてよ」「別に読解力がなにかとか自分の読解力の現状とか、そのあたりはフワッとしているままでもいいじゃないか」と思う人もいるかもしれません。私のことを、「そもそも〇〇ってなんですか？　定義は？」と言い出す面倒くさい人だと思っている人もいるかもしれません。私自身が面倒くさい人だということ自体は否定しませんが、自分の状況や目的地に応じて進む道を考えられるようになるほうが、この先ずっと役に立ちますし、楽しいです。ですから、この本では、いくつかの読解力を高めるポイントもお示ししますが、目的地と現在地をみなさん自身が把握して、自分で練習方法を編み出すことにも期待したいと思います。

この本は「すぐに読解力を身につける」特効薬ではありません。しかし、みなさんが自分の読解力についての地図を描き、目的地に楽しく向かっていけるように、その準備をお手伝いすることはできると考えています。では早速、私達の地図を見つけにいきましょう。

第一章　三つの読解

まず、目的地となる「読解力」とはなにかを考えてみましょう。

「はじめに」に書いたように、読んでわかることは様々な場面に関わっています。そのため、実は様々な目的地があると言えます。もう一度「はじめに」の冒頭で挙げた例を見てみましょう。

①　「あなたに有利な条件だから」と嘘《うそ》をつかれて不利な契約書にサインしてしまった
②　テストの解説を読んでもなぜ間違いなのかわからない。もういいや
③　仕事に必要な資格のためにテキストを読んだがちっとも頭に入らない
④　小説を読んでも面白さがわからない
⑤　よく読むとインチキなのに気づかず商品を買ってしまった

ある人は、①のような場面を重視していて、「ほら実用的な文章が読めないと困るでしょう？　説明文を読めるようになることが大事です」といいますし、またある人は④を取り上げて「最近の若者は『老人と海』も読まないでしょう。ちゃんと優れた文学を読めないとだめですよね」といいます。大学の先生たちは「科学論文を読むための基礎、論理的文章を読む力が必要だ」という人が多いです。これは、②や③の例と近いですね。「フェイクニュースに騙《だま》されるな！」という人は⑤をイメージしているといえそうです。このようにみんな「読解力が重要だ」という点では意見が共通しているのですが、その中身はずいぶんと違っているようです。

重要なのは、このどれもが「読解力」であるということです。正しい「読解力」と間違った「読解力」、あるいは読解力とそうでないものが混同されている、ということではなく、読解力というのは多様な概念だということです。ここではまず、多様な読解力を整理して、私達の目的地がどのような位置関係にあるのかを把握してみましょう。多様だ、たくさんある、というだけではちっとも整理できませんから、ざっくり三つにわ

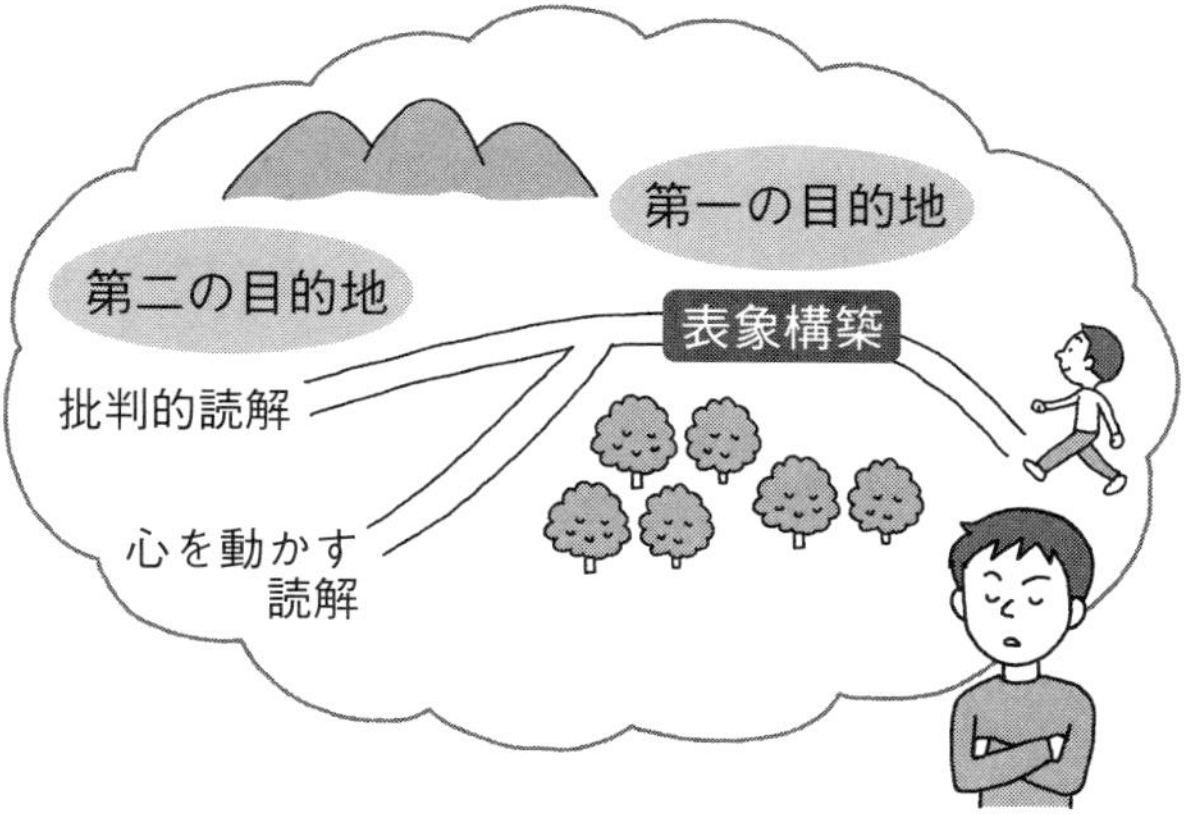

図1　読解力は多様な概念

けて考えていくことにしたいと思います。

三つの目的地のうち、第一の目的地になるのが表象構築です。二つ目と三つ目は、（基本的には）この第一の目的地を経由しないとたどりつくことができない、二種類の「第二の目的地」と位置付けてよいでしょう。第二の目的地は、感動したり夢中になったりする「心を動かす」読解と、あえて納得しないことを選ぶ「批判」の読解です。

1　表象構築の読解力

まずは第一の読解の目的地について考えてみましょう。ここで問題になるのは「理解する」というところです。理解するとはどういうことか、心理学では「表象」という言葉をつかって表現しています。そこで、第一の読解力を、「表象構築の読解力」と呼びたいと思います。

表象とは、情報やものごとを頭の中に再現したもののことです。私たちは目の前にあるものだけでなく、目の前にないものも頭の中に思い浮かべることができますね。これが表象です。目の前になくても「カレーライス」と聞けば、私達の頭の中には「カレーライス」が浮かびますね。「給食のカレーライス」の様子が視覚的にイメージできる、という人もいるでしょう。それも表象です。また、「野菜やお肉が入った辛くてとろっとしたソースがご飯の上にかかってるおいしい食べ物」とその意味を言語的に表現することもできますね。これも表象。人によっては「匂い」や「味」のようなものが思い浮かべられるかもしれません。これも表象です。このように、目の前にないものについて頭に浮かぶもののすべてを「表象」と呼ぶのだ、とひとまず理解しておいてください。

文章を読んだときも、私たちは「表象」を作ります。物語を読んでいるときは、登場人物がどのように動いているか、その結果何が起こったか、実際にその世界が目の前にあるわけではありませんが、その様子を頭に思い浮かべることができますね。また、説明文を読んでいるときは、情報を頭の中で整理して「なにがどうなっているのか」把握しようとするはずです。このように、私たちが読んで理解するということは、文章として自分たちの外に置かれている世界を自分の頭の中に再現することだということができます。この「世界を再現すること」を「表象を作る」とか「表象構築」と呼んでいるのです。

二種類の表象構築

表象構築がうまくできたとき、つまり「理解できた」というとき、私たちはどのような状態になるでしょうか。表象構築ができる、とはつまり、書かれている世界が頭の中に再現できる、ということでした。この表象構築には二つの異なるレベルを考えることができます。第一のレベルは、「書いてある内容が整理されている」レベルで、これを「テキストベース」の理解と呼んでいます。物語を読んでいるときであれば、「だれが何をしてその結果どうなったのか」あらすじが把握できるというのが表象を構築できたということになります。つまり、あらすじを語れるようになる、とか、「桃太郎からキビ団子をもらったのは誰?」というような質問に答えられることがテキストベースのレベルで表象が構築できたということの表れになります。マニュアルの文章や教科書を読んでいるときも同様に、書いてある内容を要約することができる場合にはテキストベースのレベルでの表象が構築できた、と考えます。教科書を読んだ後で「三角比とは何か」というような質問に、「直角三角形の辺の比のことで、たとえば高さを斜辺で割ったのがサイン」と答えられればテキストベースのレベルでの表象構築がうまくできた、と言えます。

もう一つの表象構築のレベルは、「状況モデル」と呼ばれています。「テキストベース」は書いてある内容を頭の中に再現することでしたが、状況モデルでは読み手がもともと知っていることや読んで推論した内容も取り入れて「世界の再現」が行われます。たとえば次のような文章を読んだときのことを考えてみましょう。

騒がしいテレビを消すと、急に深夜の静けさが際立ってくるようだった。玄関を出ると息が白かった。「寒いなあ」とつぶやくと、それに応えるように、近くのお寺の鐘の音が響いてきた。煩悩の数だけ鳴るらしい。

いかがでしょうか。読んで「世界が再現」されましたか？　それを確かめるために質問を二つしてみたいと思います。

第一問「登場人物はどこで鐘の音を聞きましたか？」

答えは「玄関の外」あるいは「家の外」ですね。ここまでは文章に書いてある内容（玄関を出る）から分かりますから、テキストベースで答えることができます。では次の質問はどうでしょうか。

第二問「何月何日の出来事が書かれているでしょうか」

答えは「一二月三一日（から一月一日にかけて）」ですね。しかし、これは文章中には一文字も書いてありません。なぜこれが分かったのでしょうか。分からなかった人もいるかもしれませんね。どこに違いがあるのでしょうか。

ここで第二問に答えられるかどうかは、どのような「状況モデル」を構築したかによって異なります。「深夜にお寺の鐘が鳴る」「煩悩の数（一〇八回）鳴る」というのは除夜の鐘を表しているということを知っている場合は、その知識を使って「一二月三一日の深夜の出来事だ」という表象を作ることができます。しかし、これを知らない場合や、知っていてもそれを使って考えなかった場合には、この状況モデルは作られません。書いてあることに加えて、自分の知識や推論を含めた表象を作ることが「状況モデル」を作るということなのです。

説明文の場合も、「状況モデル」は作られます。次の例はキンチという読解の研究者が提示したものでよく知られている例文です。

赤ん坊が中隔欠損症をもっていると、血液から十分に二酸化炭素を除去することができない。そのため、中隔欠損症の赤ん坊の血液は黒ずんでいる。

短い文章ですが、この文章についても私たちはテキストベースと状況モデルの二種類の表象レベルを考えることができます。まず、ここで「なぜ中隔欠損症の赤ん坊の血液は黒ずんでいるのですか」という質問にはテキストベースで答えることができますね。「血液から十分に二酸化炭素を除去することができないから」です。では「なぜ中隔欠損症をもっていると血液から十分に二酸化炭素を除去できないのですか」と質問されたらどうでしょうか。答えはこの文章の中にはありません。心臓と肺のしくみと結びつけた状況モデルが必要です。循環器系の知識がなければ、この問いに答えられるような状況モデルを作ることは困難です。

この問題の場合、「中隔欠損症」は心臓の右側（全身から戻り肺に向かう血液）と左側（肺から戻り全身に向かう血液）を隔てる壁（中隔）が欠損しているのだ、ということに気がつくかどうか、またそれに関わる知識を持っているかどうかがカギとなります（図2）。知識があり、中隔、血液、二酸化炭素、といったキーワードからの推論ができた場合には、どのような病気なのか、何が起こっているのか理解することができますが、知識がなかったり、あってもその情報を使って結びつけることができなければ状況モデ

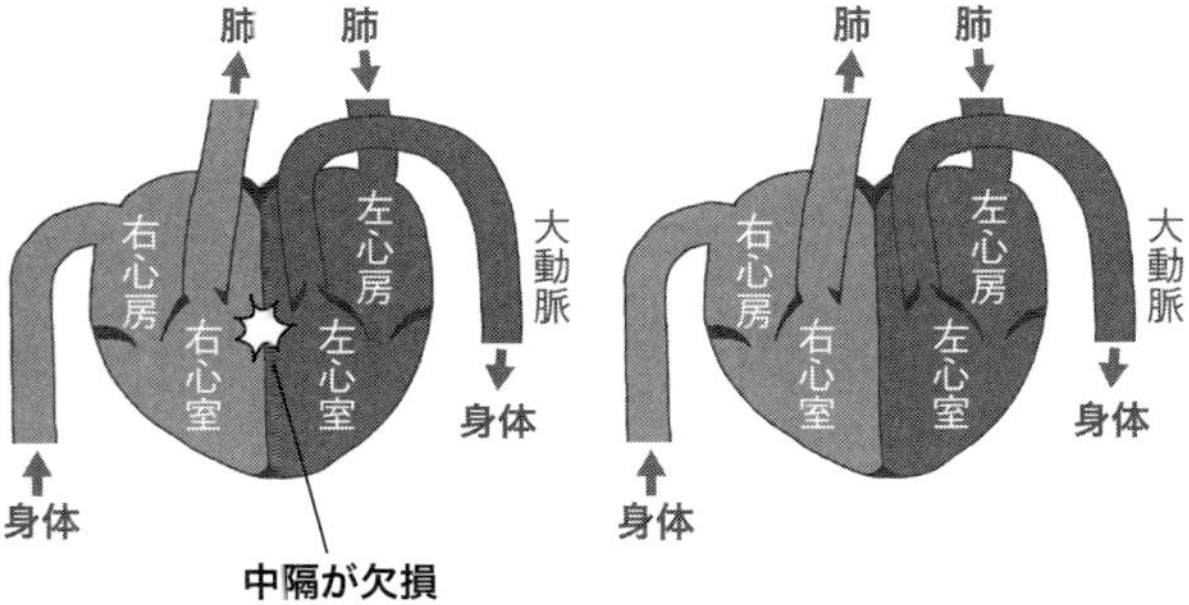

図２「なぜ中隔欠損症の赤ちゃんは血液から十分に二酸化炭素を除去できないの？」

ルを構築することは難しくなります。

このように、読解の第一の目的地の「表象構築」は、書いてある内容を頭の中で再現できること、でしたが、そこには、書いてあることだけで完結するテキストベースのレベルと、知っていることを活用した状況モデルのレベルがあるのです。

状況モデルは必要か

読んだ内容を後まで覚えておいたり、違う場面で使ったりするためには多くの場合、状況モデルの表象が必要です。特に説明文を読んでその内容を覚えておくだけでなく、その内容を使って問題を解決するためには、知っている内容と結びついていることが重要です。

なぜ状況モデルのレベルの表象が必要なのか、少し横道に逸《そ》れて、私たちの知識や記憶がどのように頭の中に入っているか、という観点からお話ししたいと思います。

知識が豊かな人のことを「引き出しが多い」と表現したりしますが、私たちの記憶は「たくさんの引き出しがあるキャビネット」というより、情報と情報がつながりあった「ネットワーク」であるということが分かっています。「引き出し」のイメージの問題点は、私たちがモノを思い出すときのふるまいをうまく表現できないことです。

次の母と子の会話を例に考えてみましょう。

母「サラダに使いたいから、アレ買ってきてほしい、アレ……ええと、名前が出てこないわ。果物で……」
子「サラダに果物入れるの？　いやだなあ。そういうの、好きじゃないよ」
母「いや、あなたも好きなサラダだよ。ええとなんだっけ、緑で……」
子「緑の果物？　カボス？」
母「違う違う、もっと大きいし酸っぱくない、こってりしてて……」

子「もしかしてアボカド？　果物なんて言うから分からなかったよ」
母「そうそう、アボカド！　アボカドは果物でしょう？　木になるもの」

この会話からは、まず母の知識の中には「果物」という抽象的なグループとその具体例として「アボカド」が位置づけられていることが分かります。こうした関係性は「引き出し」でも説明できそうに思えます。引き出しに「果物」の「ラベル」をつけて「アボカド」を入れておけば良いということになるからです。

ですが、「サラダに入れるもの」というラベルを付けた引き出しを作ることはできるでしょうか。サラダに入れるものには、野菜から肉、魚、様々な食材がありえます。「サラダに入れるもの」の引き出しには膨大な数の具体例を入れなくてはならないということになりそうです。しかも、この場合は、「果物」「サラダに入れる」を共通して満たす「アボカド」を思い出す必要がありますが、「共通して満たす」というラベルを考えると引き出しの数もかなりたくさん必要になりますね。

さらに、「アボカド」という具体例についても「緑」「（カボスより）大きい」「こって

図３　知識が引き出しだとすると……？

りした味」という情報が含まれていました。これはどのように表現したらよいでしょう。「果物」の引き出しの中に「アボカド」の引き出しがあって、そこに「緑」「大きい」という情報も入れておく？　でも「緑」という情報はほかのいろいろな具体例にも関連しています（たとえば葉っぱはたいてい緑です）。

このように「引き出し」にラベルを付けるというイメージでは、私たちの知識の柔軟さをうまく表現することができません。なんとかやろうとすると膨大な数のラベルと引き出し、引き出しの中の引き出し、という具合に膨らんでいってしまいます。また、細かい情報（「緑」「こってりした味」）から「アボカド」を思い出そうとするふるまいは、「引き出し」イメージからはうまく再現できません。ある引き出しの中に入っている引き出しにはアクセスできるのに、外側の引き出しが見つからない、なんてことがあるでしょうか。

ネットワークのイメージを使った説明は、この問題を解決できます。情報は他の情報との関連の有無によって表現されるネットワークのどこかにある、と考えるのです。たとえば、前述の例では、「アボカド」という具体例は、果物といった抽象的な概念や、サラダのような文脈ともつながる一方で、物理的な特徴（色、種が大きい）や感覚情報（こってりした味）にもつながっている、と考えるのです。そしてそれぞれの情報（抽象的概念、文脈、物理的特徴、感覚情報）は、他の具体例ともつながっているのです。頭の中にはこうした情報がつながったネットワークがあると想定することができます。たくさんの情報が頭の中にあるわけですが、普段はほとんど意識されません。しかし、それぞれの情報は、刺激を受けると「活性化」し、活性化が一定のレベルになると、私たちの意識にその情報が上がってきます。「思い出す」というのは、活性化が高まって意識

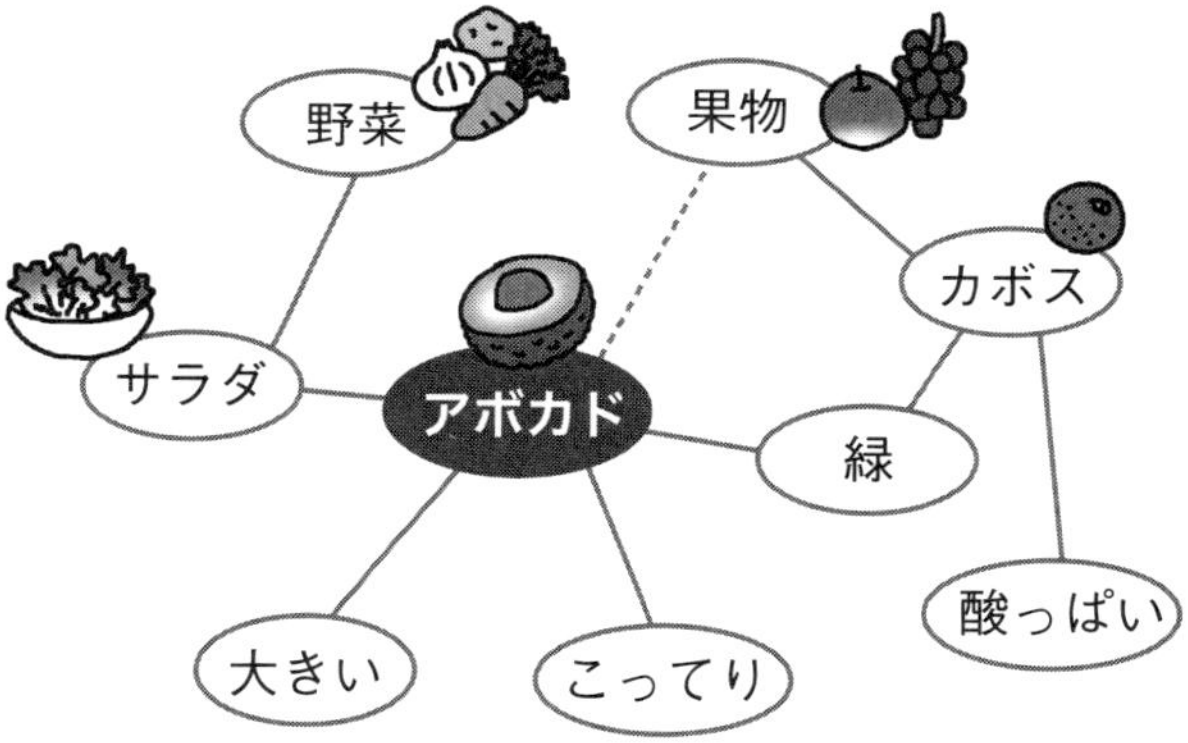

図４　知識のネットワーク（点線は母のネットワークではつながっていたけれど、子のネットワークではつながっていなかったところ）

できるようになった、ということだと考えるのです。ポイントは、活性化がネットワークを伝わって広がっていくというところにあります。会話の中で様々な情報が提示されると、その情報が活性化され、ネットワークを伝わって他の情報も活性化されていくのです。

先程の「アボカド」の例で考えると、母の言葉で子のネットワークの中の情報が活性化され、その活性化が伝わって様々な情報が引き出されました。それらの情報からまた活性化が伝わっていった結果、母はターゲットとなることば（アボカド）にたどりつくことができた、というわけです。でも、子のネットワークでは、アボカドは「果物」とはつながっていなかったので、別の情報から活性化が伝わってこなかったと考えられます。だから色々な情報が活性化されても、ターゲット（アボカド）にたどりつくことはできませんでした。「果物なんて言うから分からなかった（私のネットワークでは果物からアボカドへのつながりはありませんよ）」というわけですね。このように、私たちの知識は本質的にネットワークになっていて、このネットワーク上の情報が次々に活性化されていくことが「思い出す」ことなのです。

さて、ここまでの話を整理して、「状況モデル」レベルの表象が重要な理由を考えてみましょう。

まず、「テキストベース」は書いてある内容だけから再現した世界（表象）、「状況モデル」は自分の知識を書いてある内容に結びつけた表象でした。私たちの知識はネットワークになっているので、読んだ内容を思い出すには、その状況にある様々な情報と読んだ内容の間につながりが必要になります。ここで、普段の生活の中で、あるいは新たな問題状況のなかで読んだ内容を思い出すためには、普段の生活や問題状況と読んだ内容をつないだネットワークが必要だということになります。しかし、「テキストベース」は私たちの知識と十分つながっていないので、普段の生活や問題状況とのつながりが限定的になると考えられます。繋がりがないと思い出すことはできませんから、「テキストベース」しかできていない場合は、思い出すことが難しくなると言えます。一方、「状況モデル」はもともと持っている知識とつなげて表象を作っているので、読んだ内容を活性化しやすくなるのです。

「中隔欠損症」の例を使って考えてみましょう。もしあなたが「中隔欠損症」を知らなかった場合、例文やそのあとの解説を読みながら、理科の授業を思い出して、「なるほど、心臓の右心室と左心室を分けているあの部分を中隔というのか」「中隔があることで酸素の多い血液と二酸化炭素の多い血液が混じらないのだな」と表象を構築したのではないかと思います。このような表象が作られると、読んだ内容が自分の知識につながることができます。そうすると、時間が経《た》ってからでも思い出すことができたり、必要な場面で思い出すことができるようになります。

このように考えると、読解の第一の目的地は、自分の知識と結びつけた状況モデルの表象を構築することだと言えるでしょう。読むことを通して、自分の知識を拡張し、新たな状況下でその知識にアクセスできるように良いつながりを作っておくこと、これが読解の第一の目的地なのです。

2　三種類の読解の目的地

書いてある情報を自分の知識ネットワークに組み込む状況モデルの構築を目指す「表象構築の読解」と、第二の目的地である「心を動かす読解」「批判的読解」はどのような共通点と差異があるのでしょうか。表象構築の読解をベースにしながら、三種類の読解の目的地の特徴を整理してみましょう（表1）。

まず、「心を動かす読解」も「批判的読解」も、書いてある情報を自分の知識ネットワークと結びつけるというところは共通しています。つまり、自分の知識を用いて、書いてある内容を精緻に再現する「状況モデル」を構築する点は共通しています。しかし、第二の目的地である「心を動かす読解」と「批判的読解」では、そこに異なる要素（感

	表象構築の読解	心を動かす読解	批判的読解
表象	知識を用いた状況モデル	状況モデル＋感情	状況モデル＋論理
現象	理解する	感動する泣く	熟慮・検討
正解の明確さ	ある程度明確	不明確	場合により異なる
影響	知識変容	信念・態度の変容	場合により切り離し

表1

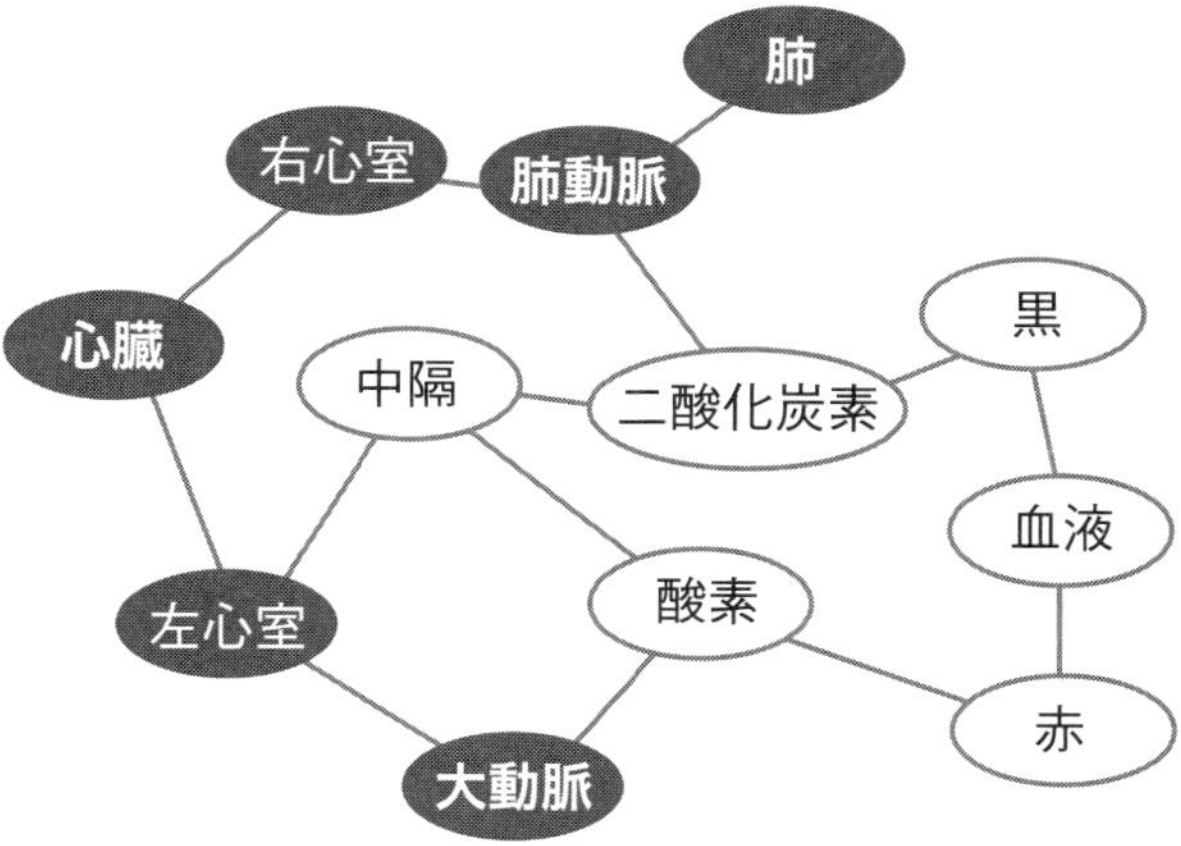

図5　状況モデルの表象が構築された場合
テキストの中に 書かれている情報
書かれていない情報

情、論理）を付加してバージョンアップした状況モデルを作るという点が異なっています。

日常的な経験との対応を考えると、表象構築の読解ができたときは「理解できた」「わかる」、心を動かす読解をした場合は「感動した」「泣けた」、批判的読解をする場合は「本当かどうかよく考える」といった現象が当てはまると言えるでしょう。

心を動かす読解

例えば、二五ページの「除夜の鐘」の例を取り上げてみると、この文章を読んでいるときに、知識を用いて「除夜の鐘」「年越し」という状況モデルを私達は構築します。これを表象構築の読解と位置づけました。「心を動かす読解」では、さらにここに、自分の感情を結びつけていきます。「除夜の鐘」の例文を読んで、なんだか寂しい年の暮れだなあ、と感じたり、（もしあなたが長いこと海外にいるならば）懐かしさや郷愁を感じるかもしれません。このような反応を結びつけて状況モデルを作っていくところに注目するのが「心を動かす読解」です。

小説や物語を読んでいるときに、自分がその世界に入り込んだように感じて、登場人物の痛みや喜びを自分のことのように感じた経験はないでしょうか。これは「心を動かす読解」が生じている状況だと言えます。読書が好きだ、という人が念頭に置いている「読解力」は、「心を動かす読解」を強いレベルで実行できることであることも多いようです。つまり、文章を読んで、自分をその世界に没入させることや登場人物に共感すること、そうした情動的な要素を理解表象に豊富にむすびつけることが、心を動かす読解のための読解力であると位置づけられるのです。

ただし、「心を動かす読解」では、同じ物語でも状況モデルに結びつけられる情動的な要素、読んだ後でどのような感情を持つかは人によって異なります。主人公に共感して涙を流す人もいれば、主人公の友人の立場で憤りを強く感じる人もいるでしょう。このとき、どちらの読解が正しいのか、どのような状態になれば「読解力がある」のかを決めることはできません。心を動かす読解は、表象構築の読解と比べると、正解を定めることが難しい読解であると言えるかもしれません。

また、「心を動かす読解」は知識にとどまらず、態度や信念のような個人の生き方に関わるような影響力を持つことも知られています。たとえば、心理学者のグリーンとブロックの研究では、精神障害をもつ殺人犯についての物語を読ませる実験をしていますが、実験に参加した人が物語に深く入り込むほど、読んだ後に精神障害を持つ人に対する政策についての態度の変化が大きかったことを示しています。物語に描かれるのは現実とは異なりますし、直接的に政策に関する説明をするわけではありません。それでも、物語に入り込み、その世界の中で心が動かされる体験をすることが、現実世界における態度を変化させるということです。

このように考えると、心を動かす読解をすることは、内容を頭の中に再現する表象の構築を超えて、私たちの人間性自体を変えるような効果を持っていると言えそうです。作家の中村文則《なかむらふみのり》の作品の中で、登場人物が「自分の了見を、物語を使って広げる努力をした方がいい。そうでないと、お前の枠が広がっていない」と語るシーンがあります（『何もかも憂鬱な夜に』より）。物語を読むこと、そしてその内容に心を動かされることは、自分自身の「枠」を広げることにつながるというわけです。

批判的読解

「第二の目的地」として示したもう一つの読解は「批判的読解」でした。「批判的」というと、「文句を言うこと」「斜に構えて論破しようとする態度」のようにネガティブに捉えられるかもしれません。しかし、「批判的」という語は必ずしも「何でもかんでも否定しよう」という態度ではありません。批判的になる、ということは、基準に則《のっと》って吟味・熟考すること、と定義されます。書かれている内容や主張が正しいか、自分はその意見に賛成するか、を「なんとなくよさそうだから」ではなく、「こういう理由でよさそうだ」と判断するような思考を働かせること、これを「批判的」と呼んでいるのです。

「批判的読解」も状況モデルレベルの表象を構築した上でそれをバージョンアップする読解です。ただし、そこに加えられる情報が、「心を動かす読解」のように主観的な感情ではなく、「よい理由」があるかどうかという基準に基づいた論理的な判断・思考の所産である点が異なります。

批判的読解が試されるのは、読む対象の正しさが保証されない場面だと言えます。教科書のように、基本的にその内容を頭の中で再現することが適切な知識獲得につながるという前提がある場合には、第一の目的地である表象構築がしっかりできれば十分という状況もたくさんありますが、同じ状況でも提示された文章が正しいかどうかわからないときには内容を頭の中で再現する表象構築だけでは不十分、ということになります。むしろ、「これはダメだ」と表象構築を拒むことが必要な場合すら考えられます。

たとえば「地球は平面である」ということを主張する説明文があったとします。このとき、書いてある内容には現代の科学と矛盾する記述や、不適切な内容が含まれることが書かれているはずです。そうなると、なんとかその内容についてテキストベースを作ることはできるかもしれませんが、自分の知識と一貫性をもって結びつけた状況モデルを作ることは困難でしょう。私たちが知っている天体の法則や、重力、地球が球体であることに関する科学的知見の数々と、「地球は平面だ」という主張はうまくつながらないからです。

これを解決する唯一の方法は、あえてこの内容を切り離して「このような誤った主張がされているということだ」と位置づけることです。表象を構築する読解では、自分の知識とつなげることが重要でしたが、この内容は間違っている、と知識に基づいて判断し、一貫性のある表象を作らないことを選択するのが批判的読解ということになります。

私たちが日頃目にする文章は、常に正しい教科書ばかりではありません。特に近年では、ウェブサイトやSNSを通じてだれでも自分の主張を公開することができるようになりました。これまで以上に様々な「正しさが保証されない情報」が展開されやすくなっています。様々な正しくない情報を総称して誤情報と呼んでいますが、近年ではその中でも「フェイクニュース」という言葉が知られるようになりました。「地球は平面だ」というような主張は疑似科学と呼ばれています。「科学的な雰囲気の非科学的主張」というような意味です。疑似科学の中には、「地球は平面である」というような自然科学に関するもの、「ABO式血液型は人の性格特性と関係がある」という社会科学的なもの、「ナチスドイツによるユダヤ人虐殺はなかった」という歴史修正主義に代表される人文科学的なものまで枚挙に暇《いとま》がありません。この先もおそらく新たな誤情報が生み出されることでしょう（最近注目された疑似科学としては「新型コロナウイルスのワクチンで体に磁石がつくようになる」というものがありました）。自分の知識や内容の矛盾点に目を向け、あえて切り離すことを選択する読解の第二の目的地にたどり着くことも私達の生活において重要だと言えそうです。

3　三つの目的地を目指して

本章では、いろいろな読解を三つに分けて、表象構築と、その先にある心を動かす読解、批判的読解を考えました。表象構築は、文章に書いてあることを頭の中に再現することでした。表象構築はその先の読解の基盤となりますが、それを超えた情動的体験に目を向けるか、あえて自分の知識と切り離すことを選択できるか、というところに第二の目的地としての読解の特徴があります。読解力の地図を描くとき、まず表象構築を目的地として考えた上で、文脈や状況によってはその先の心を動かす読解と批判的読解にどのようにたどり着けるかを考える必要があるということになりそうです。

第二章　読んで理解するための心の「道具」

第一章では三つの読解力の目的地を確認することができました。ではいよいよ「どうやって目的地にたどり着くか」を探る旅に出発！……といきたいところですが、その前に、文章を理解するプロセスで私たちが使っている頭のしくみについてお話ししたいと思います。私たちは、頭の中の様々な機能をフルに使って文章を理解していますが、ここでは特に重要な二つをご紹介します。

1　「心のメモ帳」ワーキングメモリ

一つ目の「道具」はワーキングメモリと呼ばれる機能です。ワーキングメモリは、私たちが様々な知的な活動をするときに情報を少しの間記憶しておく働きをする記憶の機能です。

記憶というと、特定の情報をずっと覚えておくということを想定するかもしれません。

これは「長期記憶」と呼ばれる記憶の機能になります。読解でいうと、読解後に作った表象や新たに学んだ知識を頭の中にずっと取っておくことが長期記憶の働きということになります。

一方、ワーキングメモリは、課題に取り組んでいるまさにそのときに働く記憶です。心理学者の苧阪満里子《おさかまりこ》はワーキングメモリのことを「心のメモ帳」と名付けて紹介していますが、これはワーキングメモリの特徴をよく表したネーミングだと思います。私たちは、何か作業を行っているときに、忘れたくない情報があるときによくメモを取りますね。ワーキングメモリは頭の中にあって、ちょっと覚えておきたい情報をメモしておく場所になっている、というふうに考えてみてください。

ポイントは「ちょっと覚えておく」そして「それを使う」というところです。私たちはこの機能を使って、課題に取り組むときに「ある情報を覚えておいて、あとの作業で思い出して使う」ということを絶えずやっているのです。どういうことか、次の問題を通して考えてみましょう。

次の計算を暗算でやってみましょう。簡単な問題、難しい問題はどれですか？
問題一　16＋12
問題二　1623＋389
問題三　43×18

一番簡単なのは問題一です。「それはそうでしょう、繰り上がりがないし二桁しかないもんね」という声が聞こえてきそうです。この簡単な計算もワーキングメモリの働きを使っています。はじめに足す数（16）を「覚えておいて」それに新しい数（12）を加えています。ワーキングメモリの出番はここだけではありません。このとき二つの数を加えるやり方はいくつかありそうですが、例えば、「まず一〇の位を足して、その答えに一の位の答えを足す」というのは一つの代表的な計算の仕方でしょう。このとき、10と10を足して「20」という情報を覚えた状態で、6と2を足すという別の作業を実行します。この答え（8）も覚えておかなくてはなりませんね。ここで、さっき覚えた20と8を思い出して、この情報を使って（両方の答えを足して）「28」という答えを導き出します。このように、ちょっと覚えておく、その状態で別の作業をする、覚えた情報を思い出して使う、という作業なしにこの簡単な計算をすることはできないということが分かります。

桁数が増えると「難しい」と感じたり、実際に間違えたりしやすくなるのは、ワーキングメモリの負担が大きくなるためだと考えることができます。問題二では、問題一より「覚えておく（その状態で別の作業をする）」「それを使って作業する」という一連の活動が多くなっています。それだけたくさんの情報を「ちょっと覚えておく」必要があるということです。繰り上がりが出てくると、「繰り上がりがあること」を覚えておかなくてはなりませんから、また覚えておく必要のある情報が増えていきます。

問題三ではどうでしょうか。今度は、桁数は問題一と同じですが、頭の中で計算しようとすると、3×8＝24、一の位が4になることと、繰り上がりが2あることを覚えておきながら、8×4＝32、ここにさっきの繰り上がりの2を足すから34になって、これを覚えておきながら、えーっと一の位はなんだっけ？　そうそう4、だから、344になって……というように「覚えておく（その状態で別の作業をする）」「思い出す」「それを使って計算する」ということを何度も繰り返していきます。覚えておく情報が多すぎて思い出せなくなりそうですね。一つ一つの計算は足し算や掛け算の簡単なものですが、たくさんの情報（前の計算結果や繰り上がる値の情報）を覚えておきつつ、それらを実行するのはかなり大変だということが実感できます。

このように、情報を一時的に覚えて作業に使う「メモ帳」として使われるのがワーキングメモリなのです。ただ情報をメモしておくだけでなく、その情報を思い出して作業するという活動がされているということがポイントであることが分かります。私たちがワーキングメモリの「メモ帳」機能を必要とするのは、計算のように、「覚えておく」「思い出す」「それを使って計算する」という活動を頭の中で同時に実行しなくてはならないときだということです。

ここまで、計算を例にお話ししてきましたが、文章を読むということも、やはり複数の作業を頭の中で実行していく必要があります。例えば小説を読んでいるときには、

① 登場人物Aの名前を覚える
② その人物がどこで何をしているかを把握する
③ 登場人物Bの名前を覚える

④　登場人物Aの名前を思い出す
⑤　AとBの関係を把握する

というふうに、覚える、思い出す、考える、という作業を絶えず実行し続けているからです。ワーキングメモリはさまざまな知的活動に関連していますが、読むときにも大いにその機能を使っているのです。

ワーキングメモリの限界

ワーキングメモリは読解も含む様々な活動で重要な役割を果たしていますが、私たちが持っている「心のメモ帳」はそんなに大きくないという点に注意が必要です。先ほどの暗算の例でも、問題三は、覚えておかなくてはならない情報の量が多くなって一大変だ」「難しい」ということを確認しました。メモ帳にいくらでも書き込めるわけではなく、実行しなくてはならない作業が増えると、たちまち容量オーバーになってしまうのです。

このように、ワーキングメモリを使って覚えておかなくてはならない情報が増えることを「ワーキングメモリへの負荷が大きい」と表現します。負荷は負担という意味なので、ワーキングメモリへの負担が大きいということです。

ワーキングメモリへの負荷が大きくなるのは、その課題自体に覚えなくてはならない情報が多い場合だけでなく、ほかのところにワーキングメモリを使わなくてはならなくなったためにその作業に使える容量が少なくなってしまう場合もあります。どういうことか、試しに、数字の列を覚えるという課題を例に試してみましょう。まず、次の課題をやってみてください。

課題一：下の単語のなかに、果物がいくつ含まれているか数えてください。

いちご、メロン、つくえ、ポンプ、りんご、プリン、こいぬ

つぎに、同じことを「あ・い・う・え・お」と繰り返し唱えながらやってみましょう。

課題二：「あ・い・う・え・お」と唱えながら、下の単語のなかに果物がいくつ含まれているか数えてください。

りんご、パンダ、コップ、さとう、みかん、おまけ、ぶどう

さっきよりも難しく感じられたのではないでしょうか。メインの課題は「果物がいくつあるかを数える」ことですね。このとき頭の中では、

① 果物がここまでいくつあったかを覚えておく
② 単語を読み果物かどうか考える
③ 果物であった場合、①に一足して数を覚える

ということが繰り返し行われます。この課題自体は簡単ですが、やはり覚えておくことと、それを使って考えることが関わっていることが分かります。ここでもワーキングメモリが活躍しているのですね。

課題一で実行されているのはこれだけですが、課題二になると、

④「あ・い・う・え・お」の順を覚えておく

⑤ 口に出して唱える

ということがプラスされることになります。メインの課題自体は変わらないのですが、他にやらなくてはならないことが加わったために、「心のメモ帳」の使える部分が小さくなってしまって、メインの課題が相対的に難しくなったように感じられます。

このように、別の課題をやらなくてはならない状態でメインの課題に取り組む状況のことを「二重課題」と呼びます。課題が二重になっているというわけですね。例のように別の課題を明確に課される場合はもちろん、邪魔になりそうなものを遮断することにもワーキングメモリが使われて二重課題になることがあります。たとえば、騒がしい場所で勉強しようとすると、周りの騒音を聞かないようにして集中する必要があります。このときも「周りの音を聞かない」ということのためにワーキングメモリが使われるの

です。「うるさくて集中できなかった」というのはしばしば経験することですが、これは「周りの音を聞かないためにワーキングメモリを使われてしまって、メインの課題がうまくできなかったよ！」と翻訳することができるのですね。

2　スキーマ

次にご紹介するのは「スキーマ」です。スキーマは、私たちが持っている知識の枠組みのことで、いわゆる「常識」の一つのかたちです。私たちは、自分の経験や学習した内容から、世界がどのようにできているのか把握していきます。このとき私たちは、ひとつひとつ異なる経験をそのまま頭に入れるのではなく、「〇〇とはこういうものである」というふうに知識を整理していきます。この整理された知識のことをスキーマと呼んでいるのです。

例として、「高校」のスキーマはどのようなものか考えてみましょう。皆さんは、次頁のような写真を「私の通っている高校だよ」と見せられたら、「えっこんな高校があるんだ？」「高校っぽくないなあ」と驚くのではないでしょうか。

写真上／イギリスのボーディングスクール。Shutterstock／Mark William Richardson　下／生徒は床に座ってくつろいでいる。iStock／Dean Drobot

特に、日本の学校に通ってきた経験が長い人の場合、「高校」と言われると四角い建物と校庭が思い浮かぶのではないでしょうか。また、教室には黒板があって、机がたくさん並んでいる、と考えますね。上の写真では、（校庭や校舎の様子は分かりませんが）私たちが通常思い描く「高校」とはだいぶ違っていて、「お城」や「邸宅」のように見えます。また教室の様子の写真も私たちが考える「〝普通の〟高校の教室」の特徴には合致しませんね。ゴロゴロできるスペースがある教室は〝普通〟日本ではめったに見ません。

この「高校っぽくない感じ」が生じるのは、私たちが「高校」として見てきたものの特徴に合致しないからだと考えられます。整理してきた「高校スキーマ」には当てはまらないためだと言えます。私たちは、自分が通った高校、友達の高校、家の近くにある高校、テレビで見た高校などさまざまな高校を見ていますが、そこで共通する部分を抜き出し整理して、抽象的な「高校スキーマ」を作っているということです。そして、それに合致しない事例が出てくると「おかしいな」と違和感を抱くのです。

「高校」に限らず、私たちはさまざまな物事についてその特徴を整理したスキーマを持っています。スキーマはあくまで「経験や知識を整理したもの」なので、それ自体が良いとか悪いというものではありません。正しい事実を反映している場合もあれば、偏った経験から偏ったスキーマが作られることもあります。

多くの人に共有されているスキーマは、日々のコミュニケーションをスムーズに行うことに役立ちます。例えば、「ピクニック」についてのスキーマは多くの人に共有されているので、「今度の土曜日、ピクニックに行きましょう」と誘われただけで、私たちは、土曜日の「昼間」に「公園などの屋外で」それが実施されるだろうと予測することができます。ですから、特に説明されなくても、「ごめん、夕方まで予定があるから行けなさそうだ」と断ったり、「いいね！　でも土曜日は雨が降りそうだから日曜日にしない？」と提案することができるのです。ピクニックだと言われてお弁当を用意したのに「レストランを予約したよ」と言われたら、「ピクニックだって言ったじゃないか！」とびっくりしますね。そういうすれ違いが起こらないのは、私たちがピクニックについて共通したスキーマを持っているからなのです。

スキーマの働きは、コミュニケーションをスムーズにするための共通知識としてだけではありません。私たちがものを見たり理解したりするときに、理解のための枠組としても働きます。私たちが何か目にしたり経験したりするときには、スキーマにマッチする特徴がより注目されやすく、スキーマにあまり関わらない特徴は見落とされやすくなります。これは私たちが新たな経験や知識をもともと持っているスキーマに沿って整理していこうとしているからです。

このことを表すものとして、心理学者のブルワーとトレイアンスの実験が有名です。ブルワーとトレイアンスの実験では、実験参加者が「大学院生の部屋」に案内されました。実際にはこれは実験の一環で用意された部屋で、「大学院生」のスキーマにマッチしそうなものと、あまりマッチしないもの、全くマッチしないもの、がいろいろとちりばめられていました。それだけでなく、スキーマにマッチするものをあえて取り除いたりしてありました。例えば、机やタイプライターはスキーマにマッチするものとして配置されている一方で、本やペンはその部屋には置かれていませんでした。スキーマに全くマッチしないものとしてはおもちゃのコマが置いてあったりしました。実験参加者は、しばらくその部屋で過ごしたあと別室に移動し「さっきの部屋には何が置いてありましたか?」と質問されます。このとき、参加者の多くが正しく思い出せたのは、スキーマにマッチするものと全くマッチしないものでした。スキーマにマッチするものがよく記憶されたのは、そこに目が向きやすくよく記憶されたのだと考えられます。一方、全くマッチしないものについては「なんでコマがあるのかしら。大学院生の趣味なのかな?」と色々考えたりしたことで記憶に残ったのだと考えられました。スキーマに合致するかということが私たちのものの見方に影響していることが分かりますね。

この実験でもう一つ興味深いのは、実際には置いてなかったものなのに、置いてありそうなものが間違って「あった」と報告されたことです。実際には「大学院生の部屋」には本やペンは置いてなかったのにもかかわらず、多くの実験参加者が「本がありました」「ペンがありました」と報告したのです。このことから、実験参加者は実際に見たものを思い出しただけでなく、「ありそうなもの」をスキーマを使って考え出して、それを報告したのだと考えられます。しかも、実験参加者自身は「自分が考え出した」とは思っておらず、「見たものを思い出した」と認識しています。私たちのものの見方がスキーマによって影響されるだけでなく、頭の中でスキーマから考え出したものと実際に見たものを区別するのは難しいということになります。

このように、私たちがものを見るときに、スキーマのフィルターを外すことは難しく、そのフィルターによってあるものが強調されたり、見えにくくなったり、実際にはないものが補われたりするということが分かります。スキーマがフィルターとして働くことは、その物事の重要な特徴をすぐに認識することにつながりますから、私たちがものごとを素早く判断したりさっさと片づけたりするのには大いに役立ちます。一方で、本当は丁寧に検討しなくてはならないところを見逃してしまいやすくするという作用も持っているということになります。「こうなっているはずだ」という思い込みから大事なことを見逃したり、都合の良いところだけをピックアップして結論を出してしまったりすることも、スキーマの働きの一つなのです。

スキーマ自体は「経験や知識を整理したもの」であって、そのスキーマが事実として、あるいは科学的に正しいかどうかは別問題です。そのため、事実としては間違ったスキーマを持つこともあります。その典型例がステレオタイプや偏見です。ステレオタイプは、特定の集団について過度に一般化された認識のことで、ポジティブ・ネガティブ両面を含みます。例えば、「女性は感情的だ」とか「女性は丁寧な気配りが上手だ」というのは女性についてのステレオタイプです。偏見はステレオタイプのうちネガティブな意味のものを指していると言えます。「女性は感情的だ」というのは偏見ともいえるわけですね。これらは女性についてのスキーマとして位置づけることができます。ここまでに紹介した「高校」や「ピクニック」と同じように、「女性」についてもスキーマがあるというわけです。

「大学院生の部屋」の例で示したように、スキーマにマッチする特徴に人は目を惹《ひ》きつけられます。ですから、男性と女性が全く同じようにふるまっていたとしても、「女性は感情的だ」というスキーマ（ステレオタイプ）を持っている人は「女性が感情的な行動を取ったこと」にはよく気が付く一方で、「男性が感情的な行動を取った」ことには目が向きません。私たちの記憶は、実際の行動を正確に記録しているわけではなく、スキーマというフィルターに引っかかった情報を覚えているのですね。スキーマにマッチしない事態については説明が必要になりますが、その多くがスキーマを修正するのではなく、スキーマを維持する方向でなされます。たとえば、大学院生の部屋にコマがあるのを見て「大学院生というのは普通コマを使って遊ぶのだな」と大学院生スキーマを書き換えることはしませんね。「この大学生はコマが趣味なのだろう（ただしそれは大学院生一般には共通しない特殊な特徴である）」という風に考えるはずです。ステレオタイプも同様です。非常に冷静にふるまう女性を見たときにも「彼女は男性ばかりの集団に長いこといたから」とか「〝理系〟だから」のように、その人に特殊な要因があるのだろうと説明することが普通です。

通常、スキーマは多くの経験を通して整理されているので、すぐにスキーマを修正しないということは基本的に合理的だと言えます。しかしこの合理的なスキーマの特徴が、なかなかステレオタイプが消えていかないことの背景にもなっているのです。ステレオタイプを共有している人同士ではコミュニケーションがスムーズにいきますから、そのステレオタイプを修正することの必要性はますます感じられにくくなります。

スキーマの影響は、読解にも大いに発揮されます。高校が舞台になっている小説を読むときには、スキーマがあることで説明されなくても状況が分かるでしょう。ここで、高校スキーマに当てはまらないような高校が（なんの説明もなく）出てくると、ちょっと面食らってしまいます。例えば、「体育の授業で疲れたのか、アヤは教室のソファに座ったまま立ち上がろうとしない」と言われると、「教室のソファ?」と戸惑ってなかなか先に進めなくなりそうです。登場人物がどんな人か、文章中に描かれている特徴だけではなく、性別や国籍などの手がかりから持っているスキーマを発動させてどんな人なのかを読み取っていくこともあるでしょう。ここに、もしかするとあなたの持っているステレオタイプが影響するかもしれません。ステレオタイプに一致しない情報を見落としたり、読んでもすぐに忘れてしまったりして、話がわからなくなってしまうこともありそうです。

3　読解で使われる〝心のメモ帳〟と〝フィルター〟

この章では、読解に使われる道具としてワーキングメモリとスキーマについて、その基本的な働きを紹介しました。文章を読んでいくということは、「覚えること」と「覚えた情報を使って考えること」を繰り返していること、そこでメモ帳として使われるのがワーキングメモリでした。また、私たちの経験を整理したスキーマがものごとの認識に大きく影響するフィルターとなっていることをお話ししました。文章を読むときにもこのフィルターが作用します。この二つの道具は、文章を読んでいくときに様々な形で作用しています。次の章では、文章を読んでいく過程をお話ししますが、その中でこれらの道具がどのように働いているか、読むときのつまずきにどのようにかかわっているかに注目してください。

第三章　文字を読むのは簡単か

「ワーキングメモリ」「スキーマ」という基本知識を武器に、いよいよ三種類の読解の目的地にどうやってたどり着いているのか、読解のプロセスを知る旅にでかけましょう。ひとが文章をどのように読んでいるかを考えると、表象構築、心を動かす読解、批判的読解の三種類すべてに共通する部分と、それぞれ異なる部分があります。まず、すべての読解に共通する基本プロセスを見てみましょう。

基本プロセスには「ボトムアップ」と「トップダウン」の二つの方向があります。このうち、ボトムアップのプロセスは、個々のデータをもとに全体を作り上げていくというプロセスを指していて、「データ駆動型処理」とも呼ばれます。文章を読むときの「データ」は文字ですね。一つ一つの文字から文章全体の表象を作り上げていくことが、ボトムアップと呼ばれている文章理解の基本的なプロセスです。このプロセスは、文字を読むことから始まって、単語の意味を理解し、単語同士がどうつながっているかを把握し、その関係を頭の中で整理してつなげていく、というプロセスです。「文章を読んで理解する」というまでにかなり多くのステップがあることが分かりますね。

それぞれのステップについて、どんなことが頭の中で起こっているのでしょうか。まずこの章では一番基本の「文字の同定」について注目してみます。

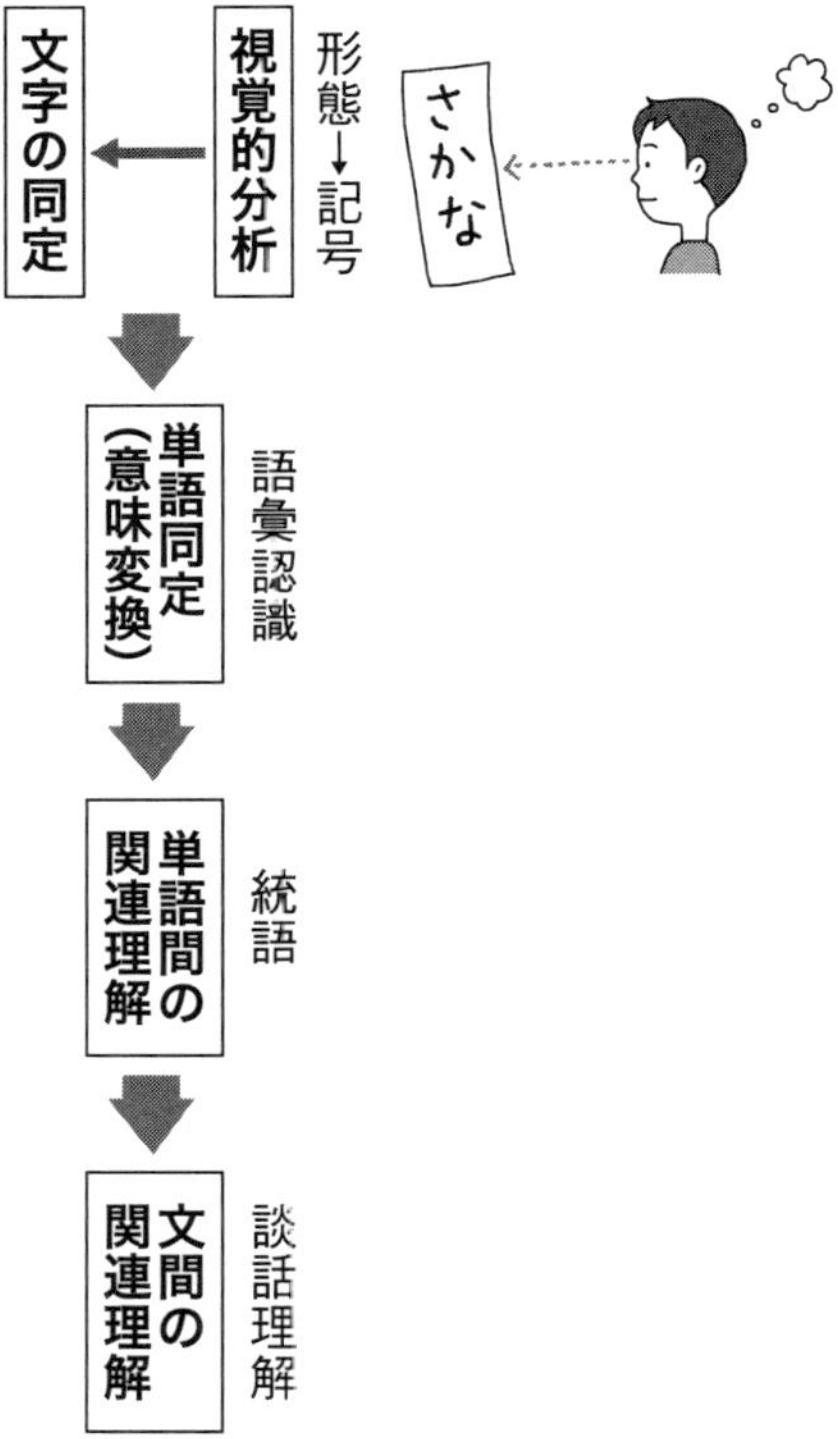

図6　ボトムアップの文理解プロセス

1　線から文字への自動変換

ボトムアップの一番初めの段階は文字を読み取ることです。文字はいくつかの線のまとまりから構成されていますね。たとえば、次の図の線のまとまりがどのようになっているかを分析して「さ」「か」「な」という音に対応づけることが「文字を同定する」ということです。「読むことができる」ことを英語で〝リテラシー（literacy）〟と言いますが、リテラシーの基本はこのような書かれた記号と音の対応ができるか、読み上げられるかというところにあります。

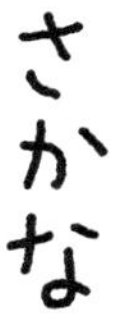

文字同定のプロセスで驚くのは、私たちが、実に様々なバリエーションの文字を同じ文字として認識できることです。同じ文字であっても形が異なることがたくさんありま

すが、そのどれについてもどの音に対応するかが分かります。

たとえば書き手が違うと「線のまとまり」の様子はだいぶ違ってきます。先ほどの「さかな」も、皆さんが自分で字を書いたらずいぶん違う形になるのではないでしょうか。それでも読者の皆さんは問題なく「さかな」と読めたことと思います。活字の場合はどうでしょうか。活字には様々なフォントがありますが、フォントが異なると字の形はかなり違ってきます。たとえば「さ」と「さ」、「a」と「ɑ」を比べてみてください。かなり特徴が異なりますね。つながっている場合と途切れている場合、マルの上にも線がある場合とない場合、マルの大きさ、よくみると違う部分がたくさんあります。それでも私たちは「さ」と「さ」は同じ文字だとわかるし、「ち」はちがう文字だと分かります。「a」と「ɑ」は同じ文字だけど「d」は違うことが分かります。これは、文字を同定するために重要な特徴とどうでもいい特徴を私たちが知っているということです。

そして、「文字を読める」人はこのような区別をほとんど何も意識せずに瞬時に実行しています。「さかな」という文字を目にしたとき、「まずここまでが一つの文字のまとまりで、横線と縦線が……」「この特徴はどうでもいいから無視して……」とは考えません。文字を目にした瞬間に「さかな」というまとまりの音が頭に浮かぶのです。フォントが違う文字を見たときにも、「ここがつながっているかどうかは文字を読むのに関係ないから無視して、どちらに膨らんでいるかに注目するぞ」と考えたりはしません。文字を見たらすぐにそれがなんという音に対応するかが分かります。

このように、瞬時に意識せずに読めるということが、実は文章を理解するうえで重要な役割を果たします。ここには、第二章でお話しした「ワーキングメモリ」がかかわっています。ワーキングメモリは、情報を少し覚えておくこととそれを思い出して使うことにかかわっていて、文章を読むときには、このワーキングメモリをたくさん使うことになるのでした。文章を読むときに覚えておきたいことはたくさんありますから、重要なポイントを覚えるためのワーキングメモリを取っておくためには、そのほかの活動ではできるだけワーキングメモリを節約したいですね。ここで、瞬時に意識せずに文字を同定できるということが大きな意味を持ちます。「瞬時に意識せずに」できるということは、ワーキングメモリをほとんど使わずに済んでいることを意味しているからです。ワーキングメモリの量は一定で限界がありますから、文字を読むためにワーキングメモリを使わずに済むということは、それ以外の重要な場面で使えるワーキングメモリが残されるということにつながります。

ですから、瞬時に意識せずに読み上げられることは、ただ文字を読むということを超えて、文章全体の内容を把握したり理解したりすることにも大いにかかわっていると言えます。文字を読めるようになったばかりの子どもの場合、瞬時に意識せずに読むというわけにはいきません。「おにぎり」という文字を目にしたときのことを考えてみましょう。文字を瞬時に意識せずに同定できる人はすぐに音に変換してその意味まで理解できます。皆さんも「おにぎり」と目にした瞬間に頭におにぎりが浮かんだのではないでしょうか。では、文字を学び始めたばかりの子どもの場合はどうでしょう。「えーっと、〝お〟、〝に〟、〝き〟、あ違う、〝ぎ〟、〝り〟!……おーにーぎーり、あっ〝おにぎり〟かあ!」というように、一つ一つを音に換えるプロセスのあとにやっと意味にたどりつきます。

一つ一つの文字の同定にたくさんのワーキングメモリを使っているので、変換した音の情報を取っておいて、つなげて一つの「おにぎり」という言葉のまとまりにすることに使うワーキングメモリが残っていないのです。読み上げることができても、それでいっぱいいっぱい、というわけです。

はじめに見たように、文字を同定するというのは、私たちが読んで理解するための最初のステップです。ここにそんなにワーキングメモリを使っていては、そのあとのプロセスに使える分がなくなってしまいますね。限りあるワーキングメモリを使って文章全体を読もうとするとき、ここでどれくらいワーキングメモリが節約できるかは実は重要なポイントなのです。自動的にワーキングメモリを使わずにこのステップをクリアできれば、うまく表象を作れる可能性が高くなりますが、ここでワーキングメモリを使ってしまうとつまずきが発生する可能性が高くなります。ですから、自動的に文字が読めるということは、文章全体を読んで理解するための一つ目の重要ポイントになるのです。

2 文字を読めるのは当たり前か

教育の必要性

「文字を読みあげることが大事なのはわかったけど、そんなの簡単だよ、みんなできるんじゃないの？」と思われた方もいるかもしれません。ですが、文字の同定は「人間が自然に当たり前にできること」ではありません。言葉を使ってコミュニケーションをすることについては、私たち人類は何万年かの歴史を持っていると考えられ、頭の中には「ことばを使うこと」を専門とする領域があります。ですが、文字の使用にはたかだか六千年程度の歴史しかありません。文字が特別な人のためのものであった時代も長く続きましたから、一般庶民が文字を読むようになったのは比較的最近のことだといえるでしょう。そのため、脳の中に言語的な情報をつかさどる部分はあっても、「文字を読むことをつかさどる部分」というのが特別に用意されているわけではないのです。私たちは、脳の中の、言語をつかさどるように進化してきた部分と、ほかのことにも使っている部分とをうまく組み合わせて文字を読んでいると考えられます。

子どもは成長するにしたがって自然と言葉を覚えていきますが、自然と文字が読めるようにはなりません。私たちが文字を読めるようになったのは、幼いころからの学習の成果だといえます。文字を読むことを学ぶ機会がなければ、文字を読めるようにはならないのです。このことは、世界の識字率がよく表しています。「識字率」は、文字を読める人が人口のうちどのくらいいるかを表す割合のことです。国連の調査によれば、一九九〇年の世界の識字率は七六％です。世界を見渡すと四人に一人は文字が読めなかったということになります。識字率を高めるための努力が積み重ねられて、二〇一九年には識字率は世界全体で八六％に向上しています。読めない人が少なからずいることの背後には、貧困や差別などに起因する教育の不足が挙げられます。つまり、貧しかったり、女子には不要だ、として教育を受けられないと文字を読めるようにはならないのです。貧しいことや性別によって文字を読むことを学ぶ機会がないと、読むことのスタートラインにもつけないということになります。

読んで理解できることがなぜ重要なのか、「はじめに」でいくつか例を挙げましたが、教育が受けられないために、不利な契約書にサインしてしまうリスクを負ったりすることは、直接的な損害に繋がります。もちろん、小説の豊かな世界で自分の枠を広げることも、資格を取って仕事につくことも難しくなります。識字率が低いということは単に「文字を読むことができない人が多い」ということだけでなく、そのような不利な状況に置かれている人がいることを示しているのです。

発達性ディスレクシア

では、教育を受け、文字を読む練習をすれば全員文字を読むことができるのでしょうか。確かに、多くの人が幼児期から児童期の初期に文字の読み方を覚えます。小学校の宿題で音読の宿題をした思い出のある人も多いのではないでしょうか。小学校一年生のうちは教科書を音読するのも大変で、一生懸命指で文字をなぞりながら練習したけれど、その後はそれほど集中的な練習をせずとも読めるようになるというケースが多いでしょう。このように音読の練習さえすれば必ず文字の同定ができるようになるのでしょうか。

実は、学校にきちんと通っていたとしても、文字を読むことが困難で文章が理解できないという人も少なくありません。ただ読み上げる練習をするだけでは、文字と音の対応がうまく頭に入らないという障害があるのです。このような文字を読むことに関わる困難は「発達性ディスレクシア」とか「読み障害」と呼ばれています。発達性ディスレクシアのある人は、生まれつき、脳の機能の仕方にほかの人たちとは違うところがあって、そのために文字を読むことについての学習がほかの人に比べてずっと難しいのだと考えられています。一般的な視力とは関係がないので、普通にものを見ることはできるけれども、文字の同定はできない、という状態です。

発達性ディスレクシアのある人にとって難しいのは、まず音と文字の対応を把握することだと言われています。たとえば、「たいこ」は、三つの音と三つの文字が対応していますから、比較的音と文字の対応が分かりやすい例です。では、「きゅうり」はどうでしょうか。音としては「きゅ・う・り」の三つなのに、文字は四つありますね。拗音《ようおん》（ゃゅょ）が入る言葉は、音と文字の数がずれますから、発達性ディスレクシアのある人にとっては対応を理解しにくいものの一つです。同様に、促音（っ）も対応がわかりにくいことが知られています。「コップ」は三つの文字がありますが、音は二つです。撥音《はつおん》（ん）も音として独立に認識しにくいのに文字としては一つになるので「こんな ん」という表記も把握しにくいと言えます。こうして考えてみると、日常的に使っている言葉の多くに認識しにくい音と文字の対応が含まれているということになります。

こうした対応の分かりにくさは、言語によって違いがあるようです。日本語は、拗音や促音のような例外はありますが、基本的に一つの音と一つの文字が対応していると言えます。では英語はどうでしょうか。アルファベットの組み合わせによって、同じ文字でも異なる読み方になります。たとえば、次のような例を考えることができます。

church / tʃ'ə:tʃ/ チャーチ
christmas / krísməs/ クリスマス

churchではchの発音記号が／tʃ'／になっていますね。カタカナで示すと〝チ〟のような音です。一方christmasではchは／k／です。カタカナで示すと〝ク〟のような音です。同じ文字の組み合わせなのに、音が全く異なります。英語の場合にはこのような文字と音の対応付けが何通りもある例が少なくないため、これを学習するのは日本語に比べると大変だと言えるでしょう。

もう一つ、発達性ディスレクシアのある人にとって難しいのは、文字を視覚的に認識することです。様々な形の文字を同定できることが私たちの文字同定の特徴であるとお話ししましたが、発達性ディスレクシアのある人にとって、これは必ずしも当てはまりません。特に「さ」と「さ」のようなフォントの違いは学習しにくく、特徴が類似した他の文字（たとえば「ち」）との区別が難しいことが多いことが知られています。

このような難しさがあるため、発達性ディスレクシアのある人は、読み間違いが多く、他の多くの人より文字を読むのに時間がかかります。すらすら読むことは苦手で、中には、全く読み上げることができないという症状の人もいます。発達性ディスレクシアのある人は、欧米では一〇〜一五％、日本では六・五％とか八％と言われています。言語によって異なる理由ははっきりしませんが、ここで説明した言語による「音と文字の対応のわかりやすさ」もその原因の一つであると考えられます。それにしても、日本でもおよそ一五人に一人は文字を音に変換するのに大きな困難を抱えているということになります。左利きの人が約九・五％、およそ一〇人に一人と言われていますから、左利きの人よりちょっと少ないくらいの人数、クラスに二人くらいが、文字を読むことに困難を持っているということですね。

また、この数値は「発達性ディスレクシアと診断された人」の割合ですが、発達性ディスレクシアがある人とない人にはっきり分けられるわけではないということにも注意が必要です。文字と音の対応の理解のしやすさは人によって違っていて、難しさを感じることなくすんなり学習できる人もいれば、苦労しながらできるようになる人もいて、中には難しすぎて全然できるようにならない、という人もいる、ということです。ですから、かなり苦労しているけれども、発達性ディスレクシアの診断基準を満たすほどではない、という人や、かなり苦労しているけれども、それが発達性ディスレクシアによるものだと考えなかったので診断を受けていない、という人もいます。症状もさまざまなので困り具合には個人差があります。また、困っていてもそれを医療機関に相談しない人も少なくありません。そのため、実際にはもっと多くの発達性ディスレクシアがある人がいると考えられています。

3　文字を読めないことによって生じるつまずき

読むことができるようになったはじめの段階、たとえば小学校低学年の児童にとっては、文字がスラスラ読めるかどうかが読解や国語のテスト成績と関連することが知られています。読むことを学び始めた段階では、文字の同定がどの程度自動的にでき

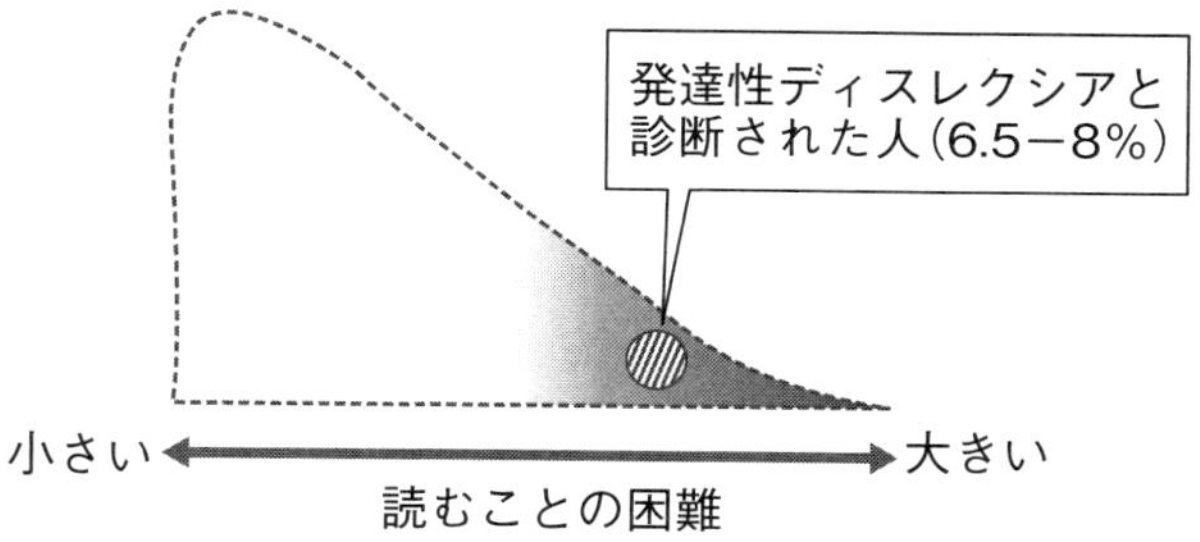

図７　文字を読むことに困難を持つ人はどのくらいいるか

るかが異なるため、スラスラ読めない子どもの場合は、文字を同定するためにワーキングメモリをたくさん使ってしまって、文章全体の表象をうまく作れないため、読解や国語の成績も低くなってしまいやすいのです。一方、この段階でワーキングメモリを使わないで自動的な文字同定ができる子どもの場合は、ワーキングメモリを文章理解に使えるので、よりよい成績が取りやすいと考えられるのです。

ただし、こうした流暢《りゅうちょう》な読み上げと読解や国語のテスト成績の関連は、年齢が高くなるにつれて弱くなると考えられています。これは、比較的年長の子どもたちには読み上げることが重要ではない、ということではありません。年齢が高くなると多くの子どもたちが自動的な文字同定をできるようになるため、差が小さくなるためだと考えられます。スラスラ読み上げられること（自動的な文字同定ができること）は、いわば表象構築の読解のはじめのステップです。成長した子どもたちはこのステップをクリアできるようになることが多いですが、ここをクリアできない場合もあるのです。その場合はそのあとのステップがうまく行かないため、表象構築にたどり着くことが難しくなると言えます。

このステップのクリアが難しいのが、発達性ディスレクシアがある人です。発達性ディスレクシアがあると、ワーキングメモリをいっぱいいっぱいに使っても文字を同定することが困難ということになりますから、読んで理解するのはかなり難しくなります。

発達性ディスレクシアがある人のつまずきは、文章を読むこと自体にとどまらず、勉強することや知識を獲得すること全体につまずいてしまうことにまで広がります。発達性ディスレクシア自体は基本的に勉強が得意かどうかに関係がないのですが、読むことができないと教科書を読んだり、先生の指示や連絡帳の記述が読めなかったりするので、テストでいい点を取ることやみんなと同じ時間で内容を把握することが難しくなるからです。

さらに、発達性ディスレクシアがあることが、自尊心や友人関係のような、一見読むことに関係ないところにも影響を及ぼすことが少なくありません。「文字を読むなんて簡単」「自然にできるようになる」と多くの人は思っているので、それができない発達性ディスレクシアのある人のことを「怠け者だ」と責めたり馬鹿にしたりすることもあるようです。小学生の頃にみんながスラスラ読める文章をスラスラ読めなかったらどんな気持ちになるでしょうか。頑張っているのに「努力不足」と言われたら？　勉強についていくのが大変なだけでなく、傷ついたり自分に自信がなくなったりしてしまいますね。発達性ディスレクシアを持つ人の多くが、こうした苦しみを抱えています。

4　解決は可能か

発達性ディスレクシアのある人は、他の多くの人と同じように文字と音の対応を学習していくことはできません。ですから、ただ繰り返し文字を読む練習や書く練習をしても、発達性ディスレクシアのつまずきを解消することはできません。生まれつきの脳の特徴が関連しているので、抜本的な解決は難しく、読み手の努力によって克服することは無理だと言ってよいでしょう。他の人とはちょっと仕組みが違う脳を使って読むための工夫が必要になるからです。文字同定がスムーズにできるようになるための練習方法も、ただ文字と読みを一緒に教えるだけでは十分ではないので、文字と音の対応を分析した練習方法を取り入れて、発達性ディスレクシアの難しいポイントを解決するような工夫をしていきます。

また、その人にとって読みやすい表示に変更するというのも重要な工夫です。たとえば、一文字一文字を離したりして、線と線のまとまりが把握しやすいようにするような表示にするのはその一例です。文字と文字の間隔だけでなく、行の間隔を調整すると読みやすくなる人や、読む単語だけにスポットライトが当たるような表示にするといった工夫も考えられています。こうした表示の変更は手作業でやろうとするとかなり大変なものも少なくありません。たとえば教科書一冊全部の文字間隔を広げて書き直そうと思ったら随分骨が折れると思いませんか。また、発達性ディスレクシアのある人の見え方には個人差があることがわかっているので、いろいろな表示を試行錯誤する必要がありますます。近年のＩＣＴ（情報通信技術）の発展によって、この試行錯誤はずいぶんやりやすくなりました。教科書のデジタルデータとして入手することが容易になったので、様々な表示の工夫を試すことができます。

ただし、「発達性ディスレクシアのある人はこういう練習をすればよい」「こういう表示にすればよい」という万能の解決策があるわけではありません。音と文字の対応の練習には専門家のアドバイスが必要ですし、うまく読めるようになるには時間がかかります。また、他の人と同じようにスラスラと読むようにはならないこともあります。表示方法の工夫も十分には効果がないかもしれません。

こうなると、文字を読めるようになること自体よりも、文字によって示されている情報を受け取ることができるかということが本質的な問題だということになります。情報を受け取ることができるかどうかを「情報へのアクセシビリティ」と呼びます。アクセシビリティというのは、アクセスできる、ということなので、その情報を手に取ることができるかどうかが問題だ、という考え方です。

文字を読むことが困難な原因は、発達性ディスレクシアだけではありません。視力の問題から読めないこともありますし、識字率のところでお話ししたように、教育の欠如から読めないということもあります。そうした「文字を読んで情報を受け取ることができない」人であっても、何らかの方法で情報を受け取れるようにしなくてはならない、情報へのアクセシビリティを確保しよう、ということです。

読みやすい表示の工夫をするのも、情報へのアクセシビリティを確保するための工夫ですが、読むことを離れて情報のアクセシビリティを高めるための工夫としては、音声での読み上げが代表的な方法です。読み上げも、ICTの発達によって取り入れやすくなりました。たとえば、パソコンやスマートフォンに文章を読み上げるアプリをインストールすれば、読めなくてもその文章を聞くことができます。小中学校で用いられている教科書は、デジタル化が進められていますから、これも読み上げ音声を聞くことができます。

読解のボトムアッププロセスのはじめの段階におけるつまずきは、読み手自身の努力で解決することは困難です。まずは必要な指導や工夫を取り入れなくてはなりません。文字の同定が困難であることによる読解プロセスのつまずきを、様々な知識獲得の困難につなげないこと、自信を持って学んでいくことができる環境を作ることが、この段階での「読めない」を解決するカギになると言えるでしょう。

第四章　単語を知っているということ――ボキャブラリー

第三章では文字の同定ができるかという点に注目して、読み上げるということが人間にとって当たり前ではないこと、教育の不足や生まれつきの脳の働きによってはそれが非常に困難な場合があることを紹介しました。

では、その段階をクリアしたら大丈夫、読んで分かるかというとそうではありません。これは、英語の例がわかりやすいのですが、"cacography"という単語を見た英語の母語話者はかなりの確率で「読み上げられるけれども意味は分からない」と答えると考えられます。"cacography"は「下手な字」という意味の実際に存在する単語ではありますが、使用頻度が非常に少ないため、読めても意味が分からないということが多いからです。このように、その人が単語を知らない場合は、読み上げられても次の段階の語彙認識をクリアすることができません。この章では、読解プロセスの中の、単語の知識やその意味の同定に注目してみましょう。

1　単語を知らないことはどのくらい問題か

読み上げの段階をクリアできたら、次は、その文字のまとまりが表している意味がなんなのか、記憶されている知識を検索して探します。文字のまとまりと対応する意味を頭の中の知識ネットワークから引っ張り出してくるのです。このプロセスは、知っている単語、特に日常的によく用いている単語、よく知っていることばであれば、ほぼ瞬間的に意識もしないうちに終わってしまいます。第三章の冒頭で挙げた「さかな」の例でいうと、読める人は「さかな」という文字を目にしたら、すぐに「さかな」の音が浮かぶし（ここまでが文字の同定）、それと同時に「魚」の表象が頭に浮かびます。むしろ、文字が読めて「魚」を知っている人は「さかな」という三つの文字のかたまりを見つけてしまうし、同時に嫌でも「魚の表象を作ってしまう」という感じかもしれません。知っている単語の文字のまとまりを見つけないようにすることや、その表象を作らないようにすることはかなり難しいと思われます。

一方、知らない単語が出てきたときは少しやっかいです。文章の中に知らない単語が出てきたときに、その語がわからないまま読み進めて理解することには限界があります。知らない単語が一定以上の割合になると、文章の内容が理解できなくなってしまうのです。では、知らない単語がどのくらいまでなら大丈夫なのでしょうか。言語学者のフーとネイションは、文章に含まれる単語のうちいくつかをニセ単語にして、参加者に読んでもらうという実験をしています。ニセ単語は、研究者が勝手にその実験のために作った単語ですから、実際に使われている意味のある単語ではありません。ですから、その単語を知っている確率は〇%ということになります。このニセ単語を文章の中にどのくらい含めるかをいろいろと変化させて、いったいどのくらいの単語がわからないときに内容理解が困難になるかを調べたのです。さて、いったいどのくらいの単語がわからないとまずいのでしょうか。実験の結果を知る前に少し予想してみてください。

多くの人が二〇%くらいではないか、と予想を立てます。なぜ二〇%という答えが多いのかは少し不思議ですが、この予想を踏まえてフーとネイションの実験結果を見てみましょう。

彼らの実験の結果、知らない単語が二〇%になるときちんと理解できた参加者はいませんでした。それどころか、一〇％程度でもほとんどの参加者が内容を理解できなくなりました。実験の結果から、フーとネイションは「適切な理解のためには文章のうち九八％の単語が分かっている必要がある」と結論づけています。少しくらいわからない単語があってもなんとなく意味は分かるんじゃないかな、と考えている人が多いかもしれませんが、この結果を考えると、単語が分からないことの影響は一般に知られているより大きいと言えそうです。

さて、ここで検討しているのが「その人が単語をいくつ知っているか」という全体的な言葉の知識の量ではなく、その文章の中のどのくらいの単語を知っているか、であるということには注意が必要です。全体的な言葉の知識の量が同じであっても、文章のジャンルや内容によって、理解しやすい本と理解しにくい本がありますね（図8）。もちろん、全体として語彙が多い人のほうが、様々な文章に含まれる単語を知っている確率が高くなりますが、語彙の問題は基本的には読む文章とのマッチングが重要だと言えます。

図８　単語の知識と理解しやすさ

2　三種類の語彙

もう一つ重要な視点として、語彙の種類についてお話ししたいと思います（表2）。ボキャブラリーとか語彙力を問題にするとき、私たちがはじめに想定するのは「日常語彙」だと言えるでしょう。日常語彙は生活の様々な場面で用いられることばについての知識を指します。さきほどお話ししたような、「文章と語彙のマッチング」を考えると、自分の身近な世界について書かれた文章や、物語を読むときは、こうした日常語彙が十分にあるかどうかで読みやすさや理解度が変わってくると言えそうです。

しかし、教科書や専門書を読む「表象構築の読

	説明	例
専門用語	学習の特定の領域・内容に関連して用いられることば	民主主義、権利、都市国家、合同、光合成
学習語彙	学習の様々な場面で用いられることば	構成、増加（低下）、したがって、つまり、ともなって
日常語彙	生活の様々な場面で用いられることば	自分、決める、権利、増える（減る）

表２　三種類の語彙

解」では、日常語彙だけでは十分理解できないという状況がしばしば生じます。教科書や専門書の場合、まず難しいのが専門用語です。特定の学問領域や内容の中で用いられる語彙のことを専門用語と言います。専門用語は一般に日常語彙より定義が明確なことが特徴です。例に挙げた「民主主義」などは日常生活の中で使われることもありますが、学問的に定義された意味で用いられる専門用語として位置づけられます。

専門用語の場合、そのことばを「全然知らない」ときだけでなく、同じことばが日常語彙と専門用語両方にあり、その意味に食い違いやずれがあるときにも、問題が発生します。たとえば、「四角形」ということばは、数学の専門用語としては「四本の直線によって囲まれた図形」を意味しますが、日常的には「四つの出っ張った部分がある形」を「しかく」あるいは「四角形」と呼ぶことがあります。専門用語としての四角形を学ぶとき、こうしたズレが明確化されないことが概念の学習の妨げになることがあります。例えば、図9のAからEのような図形を見た子どもが、日常語彙としての四角形の意味を思い出して「Dは四角形じゃない」と判断したり、「Eは四角形だ」と考えたりしてしまうことがあります。表象構築の読解の際にこうしたズレが生じると、読み手が頭の中に構築した表象と、文章内容が一致せず、「分からない」という状態になると考えられます。意味がわからないのではなく、言葉の意味がずれていることがつまずきにつながるのです。

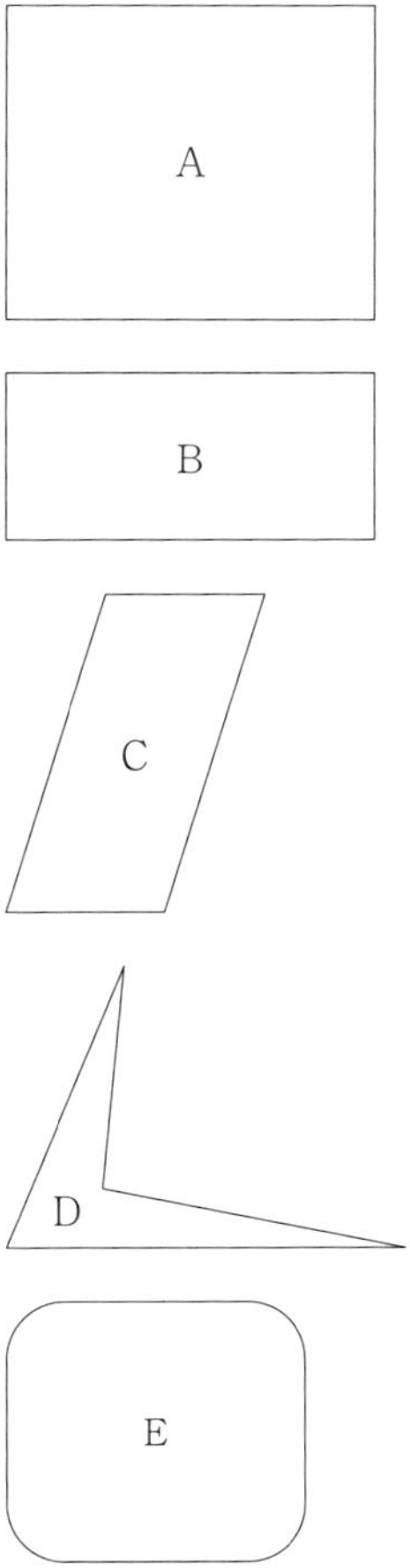

図9　四角形はどれ

また、日常語彙とも専門用語とも違う「学習語彙」がないために表象の構築が困難になることもあります。学習語彙とは、専門用語のように特定の学問領域によって定義されていることばではないけれども、学習のさまざまな文脈で用いられ、日常的にはあまり使われないことばのことを指します。「したがって」のような単語は、教科書や新書などの知識を伝達する文章でよく用いられますが、日常生活の中で「したがって」ということばはあまり使いませんね。同じような順接の意味を表す接続詞としては「だから」や「それで」といったより日常生活で使われやすいものがあります。

こうした学習語彙が分からないことは、文章で示された内容の理解を妨げることが研究により明らかになっています。日常では使わないことばなので、学校で学んでいく必要があるのですが、専門用語と比べると、学習語彙は一般的で難しくないことばのように見えます（少なくとも大人はそのように考えています）ので、あまり丁寧に説明されないままになることもあります。教科書にも「〝したがって〟と言ったら〝したがって〟ですよ、分かるでしょう？」とでも言わんばかりにさらりと用いられています。特に「したがって」のような接続詞の場合、前後の文の意味が分かると「分からない感じ」

が生じにくいのでその意味をきちんと理解せずに済ませてしまうこともあります。学習語彙が分かることは単語理解とその後の文章理解に重要であるにもかかわらず、見過ごされやすいと言えるでしょう。

学習語彙が十分でないことの問題は、はじめ、移民の子どもなど、その国の言葉が母語でない学習者について指摘されていました。子どもは友達とのコミュニケーションや生活の中での様々な経験を経て、その国の言葉に習熟していきます。子どもが言葉を学習し、その国の生活に溶け込んでいくと、一見「不自由なく言葉をつかえている」と思われるようになります。友達とも仲良くしているし、先生の指示にも従うことができる、日常生活の中で言葉に困っている様子も見られない、となると、「もう大丈夫」と見えるかもしれません。ですが、そうした子どもたちであっても、学習語彙が十分に身についておらず、そのために授業の内容を理解したり、教科書を読んで理解したりすることがほかの子どもたちのレベルには追い付けていない場合が少なくないのです。専門用語は、母語話者でも難しいので、先生が丁寧に解説してくれることが多いですし、定義が明確なので教科書などに説明が示されています。ですが、その解説や説明に含まれる学習語彙がわからないと、専門用語も十分に理解することができません。

3　知っている単語を増やすには

文章を読んで理解するためには、その文章に関わる語彙が十分にあることが重要だということから、まず知っている単語を増やすことが文章の理解を促進すると言えそうです。では、知っている単語を増やすためにはなにができるでしょうか。

よく言われるのは「読書」の効能です。直感的には読書が知っている単語を増やす効果があることは間違いないように思われます。また、スワンポーンとデグロパーの研究では、文章に出てきた未知語の一五％については文脈からその意味を推測し、学習できるということが示されました。前の節で述べたように、「知らない言葉があると文章理解は難しくなる」わけですが、「読むことを通して知らない単語の意味を知る」というプロセスもあるのだということがわかります。読書をすることは、その過程で知らない単語に出合い、その意味を知るチャンスを増やすということにつながります。読書が語彙を増やすというのはこのようなプロセスによるものだと考えられます。

ただし、読書と語彙の関係の強さは研究によってばらつきがあり、私たちが期待しているほど「読書すれば語彙が増える」という関係が実証的なデータとしてはっきり示されているわけではありません。総合的には「読書をする人ほど語彙が多い」と言えるのですが、読書の影響力が強いことを示すデータと、影響するけれども弱いということを示すデータの両方があります。影響の強さがはっきりしない理由の一つは、「そもそも読書ってなに？　どうやって測るの？」という問いに答えるのが難しいという点が挙げられます。

「どのくらい本を読みますか」と質問したり、「一週間に平均して何冊くらい本を読みますか」と読む冊数を質問することが一般的ですが、薄くて簡単な本を読むより難しい本や長い本を読む方が時間がかかりますから、難しい本を読む人は結果的に「あまり本を読まない」ということになってしまうかもしれません。また、「たくさん読むって答えるほうがカッコイイよなあ」と考えてしまうので、実際よりも多く回答するということもありそうです。ある人がどのくらい読書をするのかを適切に把握するのは、意外と難しいのです。

また、どのような本を読むのかという本の内容まで把握して読書を考えることも重要です。前節でお話ししたように、文章を読んで表象を作るときには、「その文章の中の単語をどのくらい知っているか」が重要です。ですから、たとえば教科書のような知識を説明する文章を読んで理解したいのであれば、それに関わる語彙が身についている必要があります。そうなると、日常語彙だけでは不足が多くなることが予測されますね。

もし、ある人がライトノベルをたくさん読んでいたとすると、日常語彙やそのライトノベルのジャンルに関する語彙は増えますが、教科書のような説明文を読むための語彙や学習語彙はあまり増えそうにありません。このように考えると、自分が理解できるようになりたいと思っているジャンルや内容に関係あるような読書をたくさんすることが重要であるということになるでしょう。

4　適切な意味を選ぶ

さて、十分な語彙を持っていたとして、次に問題になるのはいくつかの意味のうちから適切な意味を選ぶ、という過程になります。適切な意味を選ぶことは、特に複数の意味を持つ単語を読むときに重要です。英語には複数の意味を持つ単語がたくさんあるので、適切な語の意味を選ぶことの重要性がよく見えてきます。例えば、"mint"という単語は、ハーブキャンディや歯磨き粉でおなじみの「ミント」という意味と、「造幣局」という意味の二つがあります。どちらも"mint"の意味としては正しいのですが、その時々で適切な意味はどちらか一方に決まりますね。

読解プロセスの研究者として著名なゲルンスバッハーたちの研究では、二つの意味をもつ単語を提示したときに、人の頭の中でどんなことが起こっているか、それが読解とどのように関係あるかを巧みな実験で検討しています。ゲルンスバッハーたちの実験では、まず、二つの意味を持つ単語を提示した場合に不適切な意味と関連する単語を見分けることができるかを試しています。

第一章でお話しした「記憶のネットワーク」を思い出してください。記憶のネットワークの中の特定の情報が活性化されると、その活性化がほかの情報に伝わって「思い出しやすい状態」になるのでしたね。ゲルンスバッハーたちの実験では、単語の意味に関連する情報が活性化されて「思い出しやすい状態」になっているかどうかを調べています。

例えば、〝spade〟という単語は、「幅の広いシャベル」という意味と「トランプのスペード」という二つの意味があります。〝He dug with the *spade*〟という文の中では、「シャベル」の意味が適切ですから、「トランプのスペード」に関連する情報ではなく、シャベルに関連する情報を活性化しなくてはなりません。ですが、この文を読んだ後、読み手は自然と両方の意味に関連する情報を活性化させます。ですから、読んだ直後に〝ace（トランプのエース）〟という語を提示して、「今読んだ内容に関係あるか」と尋ねられると、正しく「関係ない」と答えるのに時間がかかってしまいます。一方、〝He dug with the *shovel*〟という文を読んだ場合は、トランプに関する情報を活性化することがないので、〝spade〟の時よりも素早く〝ace という語は関係がない〟と判断することができます。つまり、ある単語を読んだときには、関係ない情報を抑えて、関係ある意味だけを選択する必要があるということです。

さらに、約一秒ほどたってから同じように〝ace〟が関係あるかを尋ねると、この時の反応は読解成績の高い人と低い人で違いがみられました。読解成績の高い人は素早く

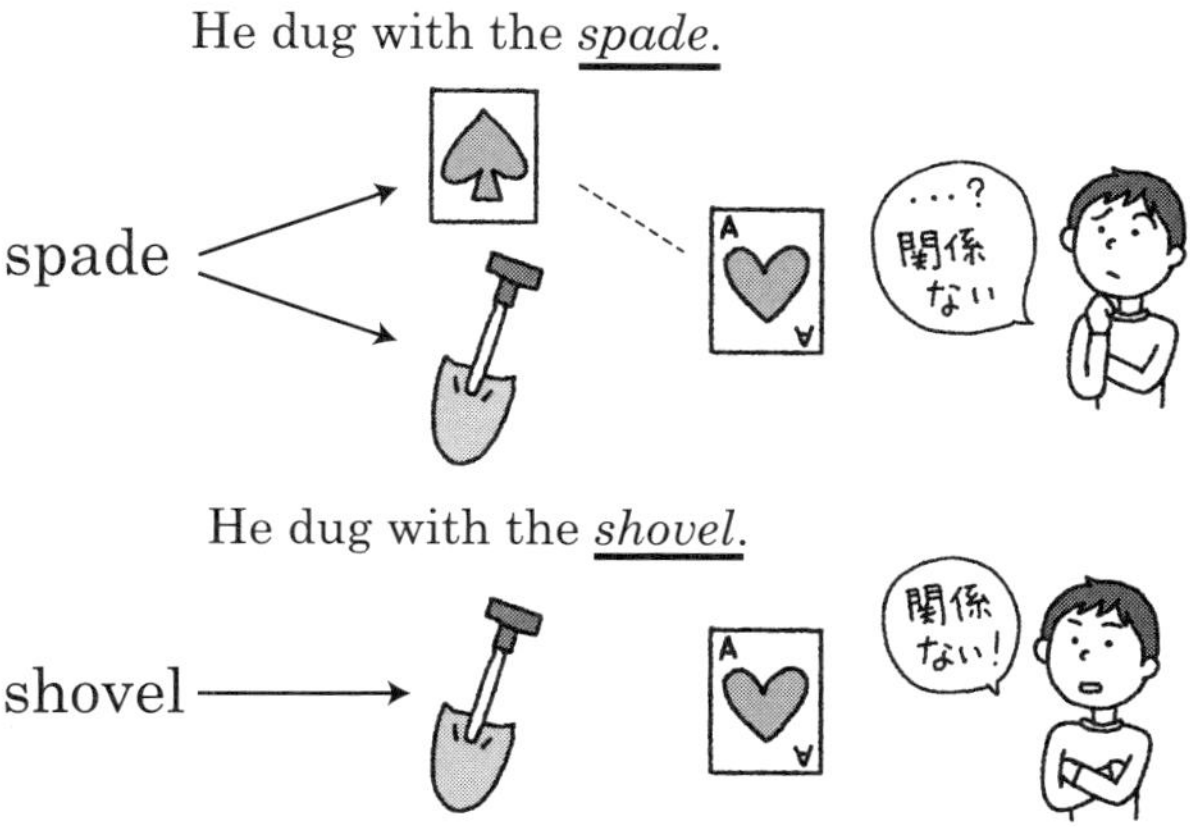

図10　ゲルンスバッハーたちの実験

「関係ない」と判断できましたが、読解成績の低い人は直後に聞かれたときと同じように反応に時間がかかってしまいました。読んで分かるためには、ある単語の意味を知っているというだけでなく、文脈の中で関係ない情報が活性化されるのを抑えるということも必要であるということがわかります。

5　語彙と読解

読解の第一の目的地は表象構築ですが、この目的地にたどり着くためには、読み手がその文章で用いられていることばの意味にアクセスすることが必要だということがわかりますね。つまり、読み手自身に豊富な語彙の知識があることが読解の成功に結びつくということを示していると言えます。ほぼすべての単語を知らないと理解が難しくなる、という実験に驚いた人もいるのではないでしょうか。読んでもわからないことの理由のひとつに語彙の不足がある、というのは明らかなようです。

また、十分な語彙があるかどうかは読み手だけでは決まらず、読み手の語彙と文章のマッチングによって決まってくる部分もあります。よく知っている領域であれば十分な語彙を持っていても、よく知らない領域の場合は語彙が不足することもあるはずです。どんなに優秀な研究者であっても、その研究領域以外の語彙は十分ではないのが普通です。

ではどうすれば十分な語彙を身に着けることができるのでしょうか。よく言われるのは読書ですが、読書を通して知らない単語に出合い、その意味を学んでいくことを考えると、知っている単語だけで書かれた文章だけを読むことはマイナスに働きそうです。少し難しい、知らない単語が含まれている本に挑戦すること、そこから新しい言葉を学んでいくことが読解における武器を増やすことに繋がると考えられます。

一方、そのことばの意味を辞書的に知っているということだけでなく、その文脈において適切な意味を選択し、不適切な意味を却下することも必要でした。ここで、記憶のネットワークの活性化を思い出してください。ある情報が活性化されると、その情報につながっているリンクを伝って活性化が広がっていきます。このとき、その情報を活性化させることが適切かどうかは考えられません。つまり、活性化は自動的にどんどん伝わっていくので、たとえその文脈では不適切な情報であっても、つながっているところには活性化が広がってしまうのです。適切なところだけを選んで活性化を広げることはできないのです。そのままにしておくと、私たちのワーキングメモリは必要ない不適切な情報でいっぱいいっぱいになってしまいますから、不適切な情報は抑えることが必要です。

不適切な情報を抑えるのに失敗すると、文章の全体像を適切にとらえられなくなります。知らない単語があるわけではないのに、読んだ後でうまく要約できなかったり、とんちんかんな理解をしてしまったりするのは、不適切な活性化を抑えられないこととかかわっているかもしれません。文章を読んで自分の知識と結び付けた状況モデルを構築することは重要なのですが、読解の過程で、結び付けてはいけない不適切な情報が活性化され、結び付けられてしまうと、それが読解の失敗につながる、というわけです。

第五章　文の意味を読み解く

ここまで読み進めてくると、文字を音にする、語彙の適切な意味を活性化させる、というだけでもなかなか大変なことをしているんだな、と実感していただけたのではないでしょうか。「まあでも単語の意味が分かれば後は大丈夫でしょう」と思っている人もいるかもしれません。残念ですが、この先も「文章の表象を構築する」目的地にたどりつくためにはいくつか越えなければならない山があります。

文章がどのようにできているかを考えると、単語を羅列しただけでは「意味」が生まれないということがはじめの「山」です。どういうことか、考えていきましょう。

1　文をどのように「見ている」か

ここまでお話ししてきた「単語」までと「文」の理解が大きく違うところは、「文のほうが長い」ということです。「何を当たり前のことを言ってるんだ」と思ったかもしれませんが、長くなるということは、パッと一回見ただけでは捉えられない、ということです。ですから、何回も目を動かして、情報を集めていく必要があります。

単語のみ　　　　　　　　文
りんご　　　　　　　キリンが大きなりんごを食べた。

私たちがものを見るときには、関心のある場所から次の関心のある場所へと視点を移動させます。この移動のことをサッケード、視点を定めたときのことを停留と呼んでいます。サッケード中の情報はちゃんと見えていないのであまり使えません。停留したときに目に入った情報を使って情報を処理していきます。

文を読んでいるときも同様に、興味あるところに停留して、そこで集めた情報をもとに理解するための処理を進めていきます。その時の人の目の動きはどうなるでしょうか。図11を見てください。●が目の動きを止めて停留しているところで、線のところはサッケード部分を表しています。

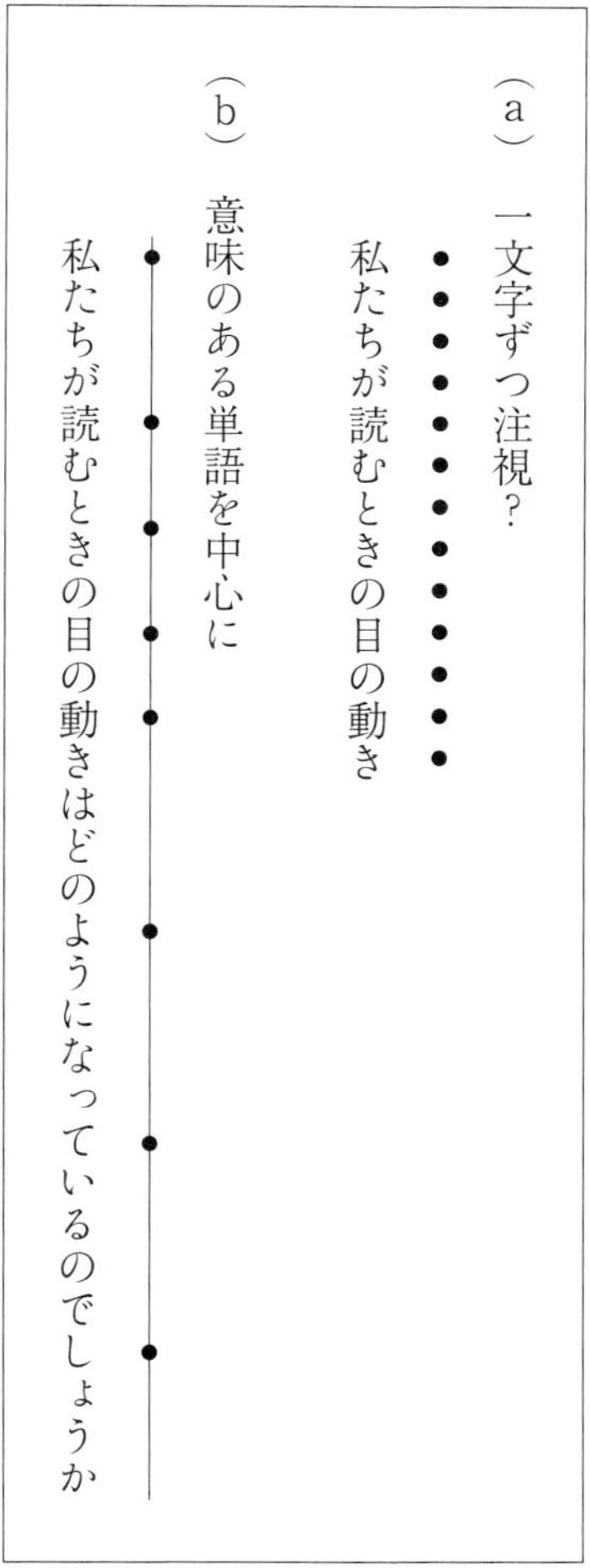

図11　読んでいるときの目の動き

やっと読めるようになった子どもは（a）のように一文字ずつしっかり視点を定めて読むかもしれません。ですが、スラスラ読める人の目の動きは（b）のようになります。文字ごとに注視するのではなく、意味ある単語ごとに停留とサッケードが生じているのが分かります。普段、文を読んでいるときには自分の目がこのように「とびとびに」情報を集めていることは意識しにくいですね。もちろん文によって違ってきますが、私た

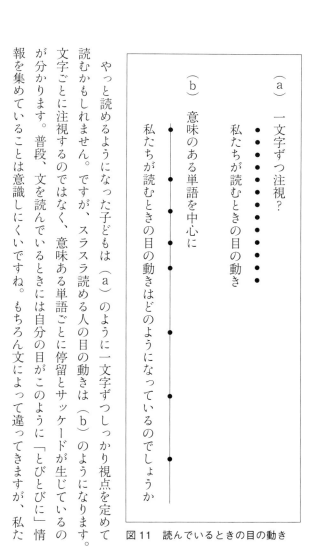

ちが読むときには一秒間に一〇文字とか二〇文字目を移動させて処理しています。非常に短時間、しかもわずかな距離の目の動きなので、それを意識することは難しいでしょう。

停留したときに理解できる文字数はおよそ七文字と言われていますが、実際にはその範囲を超えてサッケードが起こることもあります。文を読んでいるときは、非常に短時間に把握される断片的な情報をもとに、単語の意味を理解したり単語同士の組み合わせ方を分析したりしているということになります。

2　統語の基本──語順

このような私たちの文の処理の仕方を考えたとき、単語が一定のルールに従って並べられることが重要な意味を持ちます。どの位置にどのような要素が置かれるか、単語の並び方がわかれば、パッと視線を動かした先にある単語とその位置情報に基づいて表象を構築していくことができて都合がよいわけです。

では、単語の並び方は実際どのようになっているのでしょうか。文が構成される仕組みのことを「統語」といいます。ひとまずざっくり「文法の規則」のことだと理解しておきましょう。先ほどお話しした通り、語順、つまり単語の並び方の規則はその中でも特に重要な要素です。語彙の必要性に比べると統語的処理の重要性は見過ごされやすいのですが、「文」としての表象を生み出すためには統語が必要になるのです。

日本語の基本的な語順は「主語・目的語・述語」です。ためしにこのルールにしたがって単語を並べてみましょう。

（a）馬　牛　蹴った。
（主語）（目的語）（述語）

図12

順番に単語が並べられることで「馬」「牛」と単独で語を読んだり聞いたりしたときとは違う、言葉の意味同士が関連付けられた表象が生まれますね。ここで、語順を入れ替えてみましょう。

（b）牛　馬　蹴った。

図13

先ほどと単語は同じですが、異なる表象が生まれました（もしかすると「いや、さっきと同じ表象が生まれたけど？」と疑問に思った人もいるかもしれませんが、もう少し我慢してこの先を読み進めてください）。このように、単語だけでは意味が決まらず、語順に従って並べられることで文としての表象が生まれるのです。

ここでポイントになるのは「述語」です。単語と単語が結びついて一つの意味表象を作るときは、「述語」が中心になってほかの単語が関連付けられます。この一つの「述語」と複数の単語が関連付けられたまとまりを「命題」と呼びます。文を理解するときの基本単位はこの「命題」になります。文の中に複数の述語がある場合もあるので、文と命題は厳密には一致しませんが、まずは単純な、一つの命題によって構成される文をどのように理解するかを考えてみましょう。

語順は全ての言語に共通というわけではありません。「主語」「目的語」「述語」の三要素を軸とした語順のパターンで考えたとき、日本語は先に書いたように「主語・目的語・述語」を基本パターンとしていますが、この基本パターンは言語によって異なります。例えば英語の場合は、次の例（c）のようになって、「主語・述語・目的語」のパターンが基本になっていると言えます。

（c） The horse kicked the cow.

（主語） （述語）（目的語）

他にも、目的語がはじめに来るパターンなどもありますが、「主語・目的語・述語」と「主語・述語・目的語」のパターンがもっとも多く、世界の八割程度の言語がいずれかに分類されると言われています。言語によって全く異なる文字・音で意味を表現しますが、その並べ方にはある程度「おなじみのパターン」があるといってよさそうです。

さて、日本語の面白いところは、この基本パターンからある程度自由なことです。意味を変化させずに語順を変化させて文を作ることを「かき混ぜ」といいますが、日本語は助詞を用いることで「かき混ぜ」が簡単にできるのです。たとえば、

(a') 牛を馬が蹴った。
(目的語)(主語)(述語)

のように、基本の文型とは単語の順番を入れ替えて「目的語・主語・述語」のパターンを用いた同じ意味の文を簡単に作ることができます。英語でも限定的にこうしたかき混ぜを用いることがありますが、日本語の場合はそれがより自由で簡単であるという点が特徴的です。先ほど単語だけを並べ替えた(b)を読んだときに、(a)と同じ表象が作られたという人は、無意識に頭の中で「かき混ぜ」を行って、「目的語・主語・述

語」と解釈をしたのだと考えられます。

それなら日本語には語順の基本パターンがあるとは言えないのではないか、と思われるかもしれません。それでは、なぜ日本語の基本語順は「主語・目的語・述語」だと言えるのでしょうか。それは、基本パターンとかき混ぜ文を理解するプロセスを比較すると、かき混ぜ文のほうが「理解しにくい」ことを示す多くの研究があるからです。

最も分かりやすいのは、読むのにかかる時間の違いです。日本語話者に、「主語・目的語・述語」の文と、「目的語・主語・述語」の形のかき混ぜ文（たとえばa'）を読んでもらって、理解するのにかかる時間を比べてみると、かき混ぜ文のほうが時間がかかることが分かっています。つまり、私たちは基本の「主語・目的語・述語」の形を想定して文の意味を理解しようとしていると考えられ、初めに主語以外の要素を目にすると「これは基本の形だとどこに置く要素かな？」と考えて処理しなくてはならないのです。

また、基本パターンの語順の文とかき混ぜ文で目の動きを比べてみると、かき混ぜ文では、サッケードが進行方向とは逆（日本語の場合、上あるいは左）に生じることが多くなることが知られています。かき混ぜ文の主語では停留時間も長くなります。つまり、普段とは違う場所に文の要素が置かれることで「あれ？　さっきの単語は主語じゃないのかな？」と確認しに目線を戻したり、「これが主語になるから……」と文の構造を考えたりする時間が必要になっていることが目の動きにも表れているというわけです。

日本語の場合、かき混ぜ文があるために、正確に文の意味を理解するには、助詞にも注目してどのように文を構成する要素が配置されているのかを把握する必要があります。ですが、例えば、急いで読んでいるときは、サッケードの距離を長く、停留時間を短くしてしまうので、助詞を十分考慮することなく誤った文の表象を作ってしまうことになります。牛と馬の例文を思い出してください。（a'）の例文を停留時間を長くしてちゃんと読むと（a）と同じ意味であることがわかるのに、急いで読んでしまったために（b）の意味だと間違ってしまう、ということが起こってしまうのです。助詞は小さなパーツですが、見落としてしまうと正確な表象を作れないことがあるのですね。

3　ヒューリスティックを用いた意味理解

実際に私たちが文を理解するときには、基本パターンの語順と助詞といった統語だけを用いているわけではありません。というか、普段の読みでは丁寧に統語に沿った処理をせずに、単語だけを読んで事足りる場合が多いのです。なぜ、助詞を飛ばしてしまうような、ある意味「雑な」処理でもなんとかなるのでしょうか。

それは、私たちが、知識を使ったより簡単な方法で文の意味を理解しているからです。この、「より簡単で頭を使わないでもできるやり方・作戦」のことを、心理学では「ヒューリスティック」と呼んでいます。

文を読むときに用いられるヒューリスティックには、私たちが持っているスキーマを活用するものもあります。スキーマについては第二章で取り上げましたね。「〇〇はこういうものだ」という知識の枠組みのことでした。これが文の理解にどのように使われるのか、先ほどの馬と牛の例（a）と次の例（d）を比べて考えてみましょう。

（a）馬　牛　蹴った　→　（b）牛　馬　蹴った

（d）馬　丸太　蹴った　→　（d'）丸太　馬　蹴った

（a）の場合は、牛と馬を入れ替えた（b）を基本の語順でとらえて牛を主語として理解することもできますし、かき混ぜ文にして（a）と同じ意味になるように牛を目的語としてとらえることもできますね。しかし、（d）と（d'）の場合、丸太を主語として理解することは「できない」と思われたのではないでしょうか。（d'）の場合は、「かき混ぜ文になっているだろう、丸太は目的語だ」、と考えるのが普通ですね。

これが「普通」と言えるのは、丸太について私たちが持っている「スキーマ」の働きです。丸太はどのようなものかについて私たちはいくつかのことを「常識」として知っています。丸太は生き物ではないので、自分の力で動くことはない、というのもそうした常識に含まれています。そのため、「蹴った」という述語に対応する主語として丸太が位置付けられることはあり得ない、と考えるのです。

よく知っている単語から構成されている文であれば、こうした私たちのスキーマはうまく働きます。この述語に対応するのは「普通」こっちでしょう、とあたりを付けられるのですね。そのため、スキーマを利用したヒューリスティックを用いた読みは、速くて簡単で、多くの場合成功します。

ただし、よく知っている単語であっても、馬と牛の例文のように、どちらにしても意味が通じるという場合はスキーマだけで文の表象を作ることは困難です。このときは、統語に沿った解釈が必要になります。ですから、丁寧に助詞を解釈したり、構造を確認するための読み直しをしたりする必要が生じます。

したがって、同程度によく知っている単語を用いて、同じ構造の文を読んだ場合でも、スキーマから考えてそれらしい表象が一つに決まりやすい（dの例文のような）場合は、かき混ぜ文にしても読みに違いがあまり生じないのに対して、スキーマから考えてそれらしい表象が複数ありえる（bの例文のような）場合は、基本パターンよりかき混ぜ文を理解するほうが時間がかかり難しくなります。

また、知らない単語の場合はスキーマを利用したヒューリスティックを使えません。

どういうことか、次の文を読んで考えてみましょう。

パフォナージはサイロイキンを分泌する。

パフォナージもサイロイキンも、私が作ったニセ単語なので、だれも意味が分からないはずです。この文の単語だけ拾って読んだときには、「分泌する」の主語がどちらの単語か決めることはできません。ひとまず主語、目的語、述語を想定して読むか、助詞を手掛かりにして理解する必要があります。

ほかにも、スキーマに当てはまらない意味をその文が表そうとしているときにも統語を考える必要があります。例えば

警察を泥棒が捕まえた。

という例文を見たとき、私たちは「泥棒」と「警察」についてのスキーマがあるので、

この二つの単語が出てきて「捕まえる」ときたら「警察が泥棒を捕まえるんだろうな」と予測します。持っている知識から「きっとこういうことだろう」と考えて読んでしまうのですが、よく読んでみると、主語は「泥棒」であることに気が付きます。スキーマと異なる意外な内容の場合は、スキーマが邪魔をして正確な読みが妨げられてしまいます。

また、この例文の場合はかき混ぜ文になっていることも読み間違いの原因になりそうです。基本パターンの語順を想定して読むという作戦も、この例文では通用しません。助詞にも注意を向けて、どのような構造になっているかを分析しないと文の意味が把握できないのです。

スキーマを用いたヒューリスティックの利点は、助詞のような要素に払う注意を節約して素早く簡単に表象を構築できる点にあります。たいていの場合それでうまくいくのですが、うっかりすると大変な思い違いをしてしまうことにもつながるということがわかりますね。知識を獲得しようと文を読んでいるときには、正確な表象を構築することが必要です。そのためには、語順やスキーマに頼った楽な読み方では不十分な場面がたくさん出てきます。文章を読むのが難しいとか、読んでもよく意味が分からないという失敗の原因は、いつものヒューリスティックが通用しないということが関連しているかもしれません。

4　複雑な文の意味を理解する

ここまでは、比較的単純な文について考えてきましたが、普段読む文章はこんなに単純な文ばかりではありませんね。例文をみて「こんな単純な文だったらかき混ぜだろうとなんだろうと簡単だよ」と思った人もいることでしょう。1節で「命題」が読解の基本単位であるとお話ししましたが、実際に読む文には「主語・目的語・述語」の基本要素だけで作られる命題が複数含まれていることが多いですね。「主語・目的語・述語」がつなげられた「重文」や、それぞれの要素を修飾する節が含まれる「複文」も理解しなくてはなりません。では、そのような複雑な構造を持っている文はどのように理解されているのでしょうか。

実は、複雑な文の場合でも、私達はまず（a）のような単純な構造を想定して読み始めています。初めから難しいことは考えないというわけです。そして、複雑な文であることが明らかになったところで、解釈をやり直す、というやり方で読んでいきます。「やり直しをするくらいなら、初めから難しい構造を予測しておけばいいじゃないか」と考えた人もいるかもしれませんね。確かに、やり直しをするというのは無駄のように思われるかもしれません。ですが、初めから統語に関する知識をフルに使って「複雑な構造」を予期して考えていくのは大変です。また、どんな構造になっているのか、たくさんの可能性の中から一つに絞ることもできません。「主語に修飾語がある場合はこうなる」「修飾節の場合はおかれる位置がAの場合はこうなる」「修飾節がBの場合はこうなる」とたくさんの解釈を一度に頭の中で維持し続けるのは大変です。

第二章で説明したように、私たちが同時に処理する内容をとっておく「ワーキングメモリ」の容量には制限がありました。あまりたくさんの情報をとどめておくことはできません。また、ワーキングメモリに情報がとどめられている状態でほかの課題に取り組むと、その課題に使える部分が圧迫されて、うまくできなくなるのでしたね。限りあるワーキングメモリをうまく使って文を理解するためには、とどめておかなくてはいけない情報はできるだけ少なくして処理する必要があります。そのように考えると、単純な想定で始めて、必要なときにやり直しをするというやり方が一番理にかなっているということになるのです。

解釈のやり直しが必要になる典型的な例としては、次のような文を考えることができます。

（e） The horse raced past the barn fell.

英語が得意な人でも一瞬「あれっ？」と思ったのではないでしょうか。文法的な解説としては、主語は the horse、述語は fell。馬が倒れた、という意味になる。that と was が省略されており、raced past the barn は the horse を修飾している。したがって、〝納屋を走り抜けた馬は倒れた〟ということになります。ですが、英語が得意な人もすぐにこのようには読めなかったのではないでしょうか。英文の語順の基本パターンは「主語・述語・目的語」ですから、「The horse が主語」「raced past が述語」「the barn が目的語」と読んだ後で fell という単語が目に入って「おっとどうやら違ったようだ」

とやり直して、「raced past the barn」が主語を修飾する節であるという解釈をしなくてはならないからです。

日本語でも同じように解釈しなおしが必要な例文を考えることができます。

（f）少女が馬に蹴られた子犬を助けた。

（f）の文の場合は、初めは「主語・目的語・述語」の基本パターンを想定して読み始めますが、文が「蹴られた」で終わりにならず、「子犬を」と続いたところで、「馬に蹴られた」が「少女」を中心とした文の一部ではなく「子犬」を修飾する節であると解釈をしなおすことになります。

これらの文は、一時的にどんな構造になっているのか分からなくなるので「一時的あいまい性」のある文と言われています。また、「こっちだ！」と思って進んでいたのに行き止まりになってしまうので、戻って新しい方向に進む必要が生じるという性質から

「袋小路文（garden path sentence）」とも呼ばれます。

このような解釈のやり直しが行われていることの証拠としては、読んで理解するのに必要な時間の違いが挙げられます。次のような例文で考えてみましょう。

（g） Since Jay always jogs a mile seems short distance to him.
ジェイはいつもジョギングしているので、一マイルは彼にとって短い距離に思われた。

（h） Since Jay always jogs a mile it seems short distance to him.
ジェイはいつも一マイルジョギングしているので、この距離は彼にとって短く思われた。

二つの文はほとんど同じ単語が使われていることが分かりますね。使われている単語としては、（h）に"it"が入っているところだけが違います。わずかな違いですが、（g）と（h）では、普段ジェイがどのくらいジョギングしているのか、また、これからジェイが向かおうとしている距離が異なることになります。ほとんど同じ単語が使われているので、それぞれの単語を同じ時間で処理できるのであれば、読んで理解するための時間は一単語少ない（g）のほうが短くなりそうですが、実際には、（g）のほうが、読んで「分かった」と答えるのに時間がかかります。

このような違いが生じるのは、（g）が袋小路文になっているためです。この文を読むとき、私たちははじめ基本パターンを想定して読み進めていくので、「ジェイは一マイルジョギングする」と解釈してしまいます。しかし、そのあとにseemsという単語が続いているのを見て、「a mile」は目的語ではなく、二つ目の文の主語になるはずだと解釈のし直しをする時間が必要になるのです。一方、（h）では、jogs a mileを「ジェイは一マイルジョギングする」と解釈したまま続きを読むことができます。やり直しが必要な部分はありません。したがって、こちらの文のほうが速く処理できるのです。

このような解釈のやり直しをしていることを私たちは常に意識しているわけではありません。外国語である（e）や（g）（h）の例文では「なるほど難しい」と意識できても、（f）では「そんなことをしているとは思えない」「実感としてちっとも難しくない」という人もいるかもしれません。それは、このやり直しが素早く行われているからだと考えられます。読むことの難しさは、自分自身が意識できるところだけでなく、自分ではわからないところにも見ることができるというわけです。

5　文の外の情報を用いた推論

ここまでは統語を中心に文から表象を構築するプロセスを見てきましたが、一つの文を統語的に解釈するだけでは表象が作れない場合もあります。たとえば、次の文のような例を考えてみましょう。

ユウジは泣きながら怪物に立ち向かっていくメグミを見つめていた。

この例文で泣いているのは「ユウジ」でしょうか。それとも「メグミ」でしょうか。この文だけを丁寧に統語に沿って解釈しただけでは、泣いているのがどちらかを決定することはできません。この文の外にある情報が必要です。「ユウジ」と「メグミ」の人物像が描かれていたり、怪物に立ち向かうまでの経緯が分かっていれば、その情報から推論することで、泣いているのはどちらかを判断することができるかもしれません。

また、様々なレベルで表れる意味の「ギャップ」についても、文の外の情報を用いた推論が必要になります。意味のギャップはさまざまなレベルで表れるので、私たちは常にそのギャップを埋めるための推論をしなくてはなりません。どのようなギャップが発生しているのか、いくつか例を見てみましょう。

（i）　大臣が辞任するというので、永田町は大騒ぎだ。

永田町というのは地名ですが、国会議事堂がある場所、ということから、議員を表す意味でもよく用いられます。地名と「大騒ぎ」という動詞はそのまま解釈すると意味が通りません。ここでは、文脈（議員が辞めた）から比喩として「永田町」という語が用いられているのだな、と推論して、「議員たちが慌てているという意味だろう」と解釈する必要があります。

文脈からその文の意味を理解する必要がある場合の代表例としては、代名詞や省略部分の推論を挙げることができます。たとえば、「これ」とか「彼」のような代名詞、「さきほど指摘した点」のように中身が省略されている記述が出てきたときには、何を意味しているか、前の文を読んだ記憶を思い出して考える必要があります。実際に書かれている言葉と意味が直接つながらないので、そのギャップを埋める必要があるのです。

文の理解といっても、その文だけでは意味が完結せず、ほかの情報を使って初めて正しく意味がとらえられるのですね。「そんなにいちいち深く考えなくても自然と分かるよ」と思うかもしれません。私たちはギャップがあるときに「よし推論するぞ」と意識して推論を始めるわけではないので、「考えていない」と感じますが、実際にはこうした処理をするために頭を使っています。袋小路文のときと同じく、自分で意識することができなくても、私たちのワーキングメモリには推論のための負担がかかっていることになります。

ギャップをなくそうとすると、基本的には文が長くなり、表現としては冗長になります。ある文の代名詞をすべてその代名詞が指している人の名前に置き換えて読んでみてください。「しつこい」「かえって読みにくい」という印象を持つだろうと思います。また、表現の洗練や面白さという観点からは、「永田町」のような曖昧な言葉をあえて使うほうがよい、ということもあります。しかし、このような表現によって生まれる「ギャップ」は、推論を読み手に強いていること、文脈や関連する知識のない人にとっては負担になっているということも事実です。私たちが「わかりにくいな」と感じることの背後には、こうした文の曖昧さやギャップが関連しているかもしれません。

6　教科書は案外難しい

このような文の曖昧さやギャップが特に問題となるのは、新たな知識を獲得しようとする場面だと言えるでしょう。新たな知識を獲得することが目的の場合、書かれている内容について十分に知らないことがほとんどです。そのため、知識を用いたヒューリスティックが使いにくくなったり、ギャップの推論が難しくなったりします。

理解の観点から考えると、「新しい知識を獲得するための文章は、文が短く単純な構造で、ギャップが少ない方が読み手にとっては負担が小さい」ということになります。しかし、試しに中学校や高校の教科書を見てみると、案外難しい構造の文が多いことに気が付きます。

次の（j）の文がなぜ難しいか、ここまで読んできた皆さんは分かるのではないでしょうか。

（j）アミラーゼという酵素はグルコースがつながってできたデンプンを分解するが、同じグルコースからできていても、形が違うセルロースは分解できない。

短い文ですが、まず出てくる単語が「よく知っている」とは言い難いので、スキーマを使ったヒューリスティックを使うことができません。統語に沿った処理をする必要がありますが、単純な構造ではないので、いくつも「やり直し」をする必要があります。たとえば、「アミラーゼという酵素はグルコースがつながってできた」のではなく、「グルコースがつながってできたデンプン（デンプンはグルコースがつながってできている）」

というように、「袋小路文」のところでみたような解釈しなおしが必要です。「セルロース」が登場したところで、「（アミラーゼという酵素は）同じグルコースからできていても形が違う」のではなく、「セルロースは同じグルコースからできていても形が違う」と、ここでも解釈しなおしが必要になります。

また、ギャップの推論が必要な場面もいくつかあります。この文の最後に「分解できない」とありますが、これに対応する主語は省略されています。その前に出てくる「分解する」の主語が「アミラーゼという酵素」なので、そこから推論して、「（アミラーゼという酵素は）（デンプンとは）形の違うセルロースは分解できない」という意味であることを把握する必要があります。短い文ですが、文理解の観点からはだいぶ骨が折れる文だと言えるでしょう。

では、解釈のやり直しやギャップの推論を極力減らした形で（なおかつ自然な文になるように）書き直すとどうなるでしょうか。

（k）　アミラーゼは酵素である。

デンプンとセルロースはどちらもグルコースからできているが、形が違う。
そのため、アミラーゼはデンプンを分解するが、セルロースは分解できない。

文の数は増え、全体としても長くなりましたが、文の処理の簡単さという観点から考えれば、こちらのほうが、負荷が少なくつまずきにくい文になっています。ただし、文としての「スマートさ」や簡潔さという観点から考えると、こちらはいまひとつかもしれません。文や文章の「良さ」の基準は一つではありませんから、ある基準で見るとより優れた文がほかの基準ではそれほど良いとは言えないということもあります。ですから、どちらが「良い」かは基準しだいということになるでしょう。負荷の少なさという観点で考えれば、(j) より (k) のほうが「良い」と考えられます。

読み手の立場から考えると、読むのが難しい、読んでもわからない、という原因の一つとして、こうした複雑な文の解釈に躓いているということが挙げられそうです。自力で (k) の形になるように解釈しなおしたり、推論したりすることができない場合には、「読んでもわからないよ」という状態になってしまうわけですね。

第六章　文章全体を把握する

ここまで読んできた皆さんには、「読解の第一のゴール」が見えてきたのではないでしょうか。ここでもう一度「表象構築までのプロセス」を確認してみましょう。

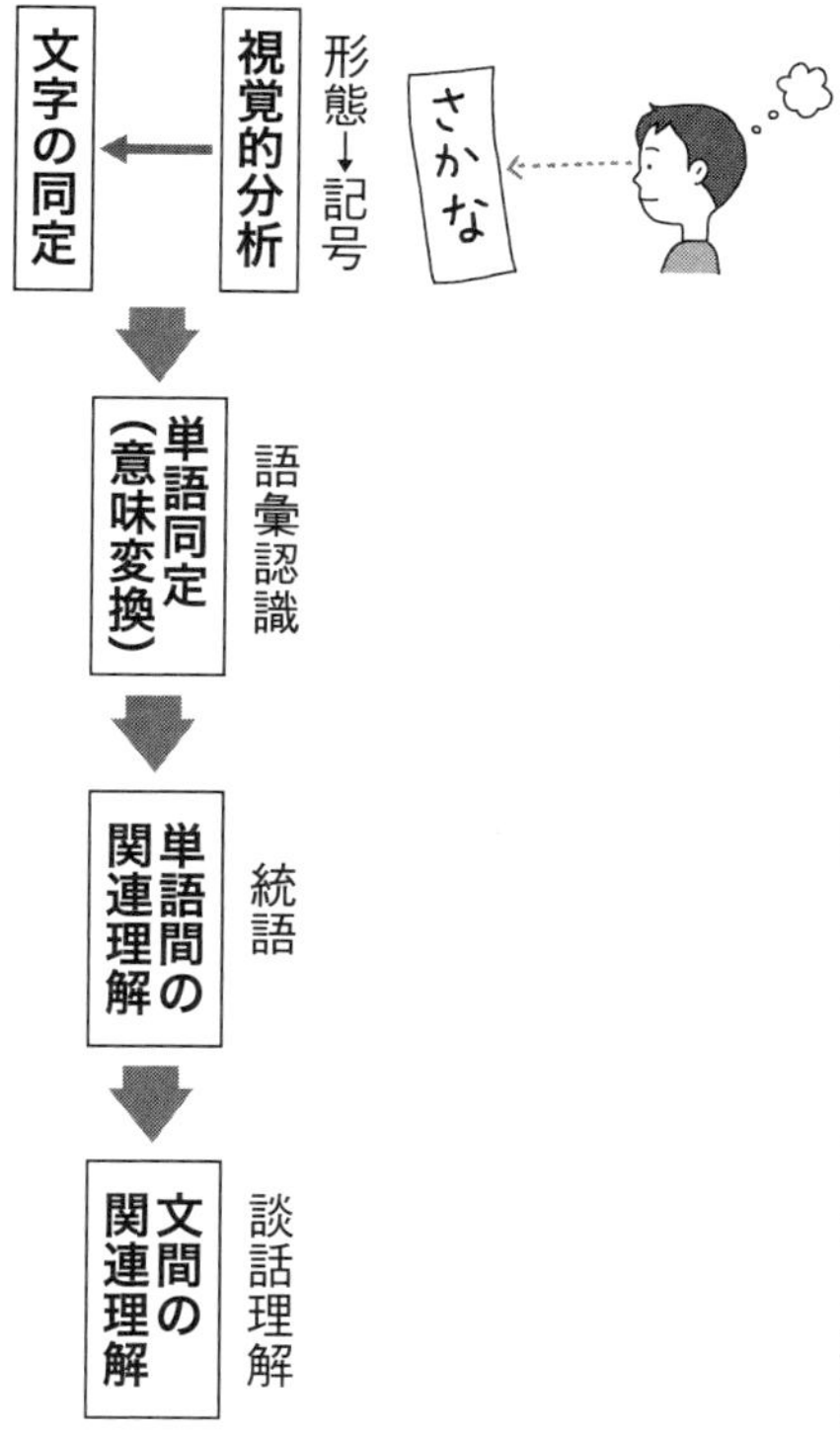

図６　ボトムアップの文理解プロセス

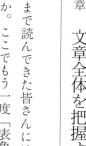

三つ目の「統語」のステップまでの道すじは見えてきましたね。文の中の「命題」を把握できるかどうか、またその時に何が難しいのかは分かりました。この後の課題は「談話理解」のレベルです。第五章では、「命題」が意味を表す要素になることを説明しましたが、この「命題」がたくさん集まって全体として一つのまとまりとなったものが「談話」です。日常的な感覚だと、「「文」がたくさん集まって「文章」になっている」と見ますが、言語理解のプロセスという観点からは「「命題」が集まって「談話」を構成する」と表現するほうがより適切だと言えます。第五章で見たように、一つの文に複数の命題が含まれていることもあるので、「文」というのは意味を構成する単位としては扱いにくい、というのが理由の一つです。また、「文章」というと「書かれているもの」をイメージしますが、命題で表現される言語情報のまとまりという意味では、書かれているものも、音声で提示されるものも区別する必要がありません。そこでまとめて「談話」と呼んでいるのだと理解してください。

ここまで、「文字で書かれているものを読む」ことを前提として読解プロセスについて考えてきましたが、理解表象となる「命題」や「談話」は文字で書かれていることだけに限定されるわけではないのです。したがって、「読解のプロセスを知る」ということは「ことばで表現される情報がどのように理解されるかを知る」ということとほぼ同義だと言ってよいでしょう。

では、表象構築の読解にたどり着くための最後のステップ「談話理解」はどのような特徴があるのでしょうか。

1 命題と命題をつなげる

文章全体の意味を把握するためには、第五章で説明した「命題」の把握と関連付けをより広い範囲で実行して、「テキストベース」の理解表象を作っていく必要があります。書かれた情報をうまく整理してつなげた表象が「テキストベース」です。まずは、命題と命題をつないでいきますが、このときのプロセスは第五章で説明した「文の中のギャップの推論」と同じプロセスです。先ほど説明したように、命題が集まったものが談話（文章）となるからです。ここでの基本的な処理（心理プロセス）は「命題と命題の間のオーバーラップする部分をつなげる」ことです。どういうことか、次の例文を見てみましょう。

（a）アヤコは急いで家から飛び出した。
家ではネコが二匹、ソファの上で大きく伸びをしていた。

二つの文を見ると、どちらにも「家」という共通要素があることが分かります。これが命題をつなげる「オーバーラップ」部分になります。二つの文を読んだ読み手は、このオーバーラップしている「家」が同一の対象を指していると判断します。同じ家だという説明はどこにもありませんが、このように、命題と命題の間に「家」のように重複している要素がある場合には、そこをつなげて同じものだと解釈することで、命題を「まとまり」にしようとしているのです。

この要素が明確でないときは、それを推論する働きが生じます。代名詞や省略は、そのような推論が必要になる場面の典型例だと言えるでしょう。次のような例を考えてみましょう。

（b）　タケミチは仲間とキザキたちを倒す計画を立てた。
あいつらの悪事にはもう我慢ができないからだ。
絶対に負けられない。

この三つの文の間には明確なオーバーラップを見つけることができません。そこで文脈からどのように命題が繋げられるかを考える必要があります。「あいつら」という単語は「複数の人間」を指しますが、具体的にどのように前の命題と関連付けるかを考えるためには文脈と知識を用いる必要があります。代名詞は基本的にその直前の名詞を受ける、という知識を使ったり、「あいつら」は行為を受ける相手に使われること、「～からだ」という文末からこの文が前の文の行為（「計画を立てた」）理由を示していることなどを総合的に分析して「あいつら」は「キザキたち」だと推論します。さらにそのあとの文には主語がありません。誰が誰に負けられないと言っているのでしょうか。ここでも、命題がつながるように推論して「タケミチと仲間」が「キザキたち」に負けられないという意味だと解釈しなくてはなりません。
オーバーラップが明確でない例としては次のような場合もあります。

（c）マリコは公園でお弁当を食べることにした。
おにぎりの中身はシャケだった。

ここでも、二つの文で示されている命題の間にはオーバーラップしそうな部分がありません。ですが、「マリコが公園で食べたお弁当のおにぎりがシャケだった」というふうに解釈することができます。「お弁当」の中におにぎりが入っていたことはどこにも書いてありませんが、並んだ二つの文に繋げやすい要素が入っているので、これらをオーバーラップする要素として使うことができたからです。

ただし、（b）や（c）の命題をつなげるのは、（a）ほど簡単ではありません。明確に重複している要素がないので、それを推論する必要があるためです。こうした推論にはワーキングメモリを使うことになりますから、文は理解しにくくなり、理解にかかる時間も長くなります。第五章では、一つの文をより単純な構造の複数の文に書き直して推論の必要性を減らした例を紹介しましたが、文章全体についても、推論の必要性を減らすとどうなるでしょうか。このアイデアを実際に試したブリットンとガルゴスの研究を紹介しましょう。

彼らの研究では、実際に使われている教科書を使って、「読解の原則に従った修正」をした場合と、「専門家の直感による修正」をした場合を比較しています。「読解の原則に従った修正」では、命題と命題のオーバーラップが明示されているかをチェックして、明示的でない場合はそれを修正する、というやり方で修正を行いました。どのように修正したのか見てみましょう。

元の文章

タイトル：一九六五年の北部での航空戦

一九六四年が終わった頃には、サイゴンとワシントンにいるアメリカ人は、南部における持続的な問題の根源がハノイにあると注目していた。ＡＲＶＮが敵を戦場で打ち負かすことができないことで苛立《いらだ》ちは募り、北ベトナムを直接叩《たた》く圧力も高まっていった。……

読解の原則に従った修正
タイトル：一九六五年の北ベトナムでの航空戦
一九六五年のはじめには、南ベトナムとアメリカにいるアメリカ軍は、南ベトナムにおける持続的な問題の根源が北ベトナムにあると考えていた。南ベトナム軍は戦場で北ベトナム軍に敗れていたため、アメリカ軍の苛立ちは高まっていた。この苛立ちは北ベトナムを爆撃する圧力につながっていった。……

二つの文章を比べると、修正版では「サイゴン」「ワシントン」「ハノイ」などの表現がより直接的な表現（「南ベトナム」「アメリカ」「北ベトナム」）に変更されていたり、「敵」が「北ベトナム」を指していることが明示されたりしています。また、文を分けて省略された主語を明示している点も修正のポイントになっています。修正された文章は、元の文章と比べると語数がおよそ一・三倍になりました。

ブリットンとガルゴスの研究結果によれば、元の文章を読んだ人と、修正版の文章を読んだ人を比べると、修正版を読んだ人のほうが、より多くの命題を思い出すことができ、また、事後のテストでは推論が必要な問題でより良い成績をおさめました。このような修正は、文章の中のつながりをはっきりさせ、命題同士をつなげやすくする効果があると言えるので、一貫性を高めるという意味で「一貫性効果」と呼ばれています。

実はこの実験では、「専門家による修正」というバージョンも作っていました。専門家が修正した文章を読んだ人は、元の文章を読んだ人より多くの情報を思い出せましたし、事後のテストの成績もよかったのですが、専門家による修正版と原則に従った修正版では、記憶量やテストの解答にほとんど違いが見られませんでした。

この結果のポイントは、専門知識がない人でも、専門家と同じくらいわかりやすい文章に修正できた、というところです。専門家にうまく修正してもらえば文章がわかりやすくなるというのは当然ですが、いつも適切な専門家に依頼できるわけではありません。読解プロセスの理論から導かれる原則（「命題と命題の間のつながりをはっきり示せ！」）

に従うことで、読み手がつまずきにくい文章を書くことができるというのは、読み手にとっても、また教材を作る側にとっても「よいニュース」だと言えるのではないでしょうか。

2　命題を整理する

文章から作られた命題は、文全体の意味を構成する構造として「ミクロ構造」を持つといいます。前節では、ミクロ構造が命題間の要素の重複によってつながっていくことを説明しましたが、テキストベースの表象を構築するには、命題と命題のつながりを整理して「マクロ構造」を構成しなくてはなりません。マクロ構造は、命題間のつながりを階層的に整理したものとして表現することができます。文章理解についての理論モデルを提案したキンチやヴァンダイクは、階層的に整理するときのルールを「マクロ規則」と呼びました。マクロ規則は次の三つから構成されています。

①　削除：必要ない命題はマクロ構造から除外する

② 一般化：一連の命題が一つの上位概念で表されるときは、その上位概念を表す命題に置き換えられる

③ 構築：一連の命題が別の命題を表す場合はその命題も表象に組み込む

例えば、

（d） 彼は月曜と火曜の朝食にはリンゴを、水曜はバナナを食べた。木曜と金曜の朝食ではイチゴを食べた。

という文章があったときには、「一般化」の規則に従って「彼は朝食に果物を食べた」という命題が作られます。また、

（e） 彼女はテーブルに座った。少し迷ったあと注文を済ませ、素晴らしいイタリアンを堪能した。

という文章を読んだときは「構築」の規則に従って「彼女はイタリアンレストランで食事をした」という新たな命題が作り出されることになります。

ここで作られたような、「彼は朝食に果物を食べた」とか「彼女はイタリアンレストランで食事をした」といった文章に記述されている個々の命題をまとめ上げるような命題のことを「マクロ命題」と呼んでいます。文章によっては、マクロ命題が明示されている場合もありますから、必ず読み手自身がマクロ命題を作りださなくてはならないというわけではありません（例えば、（e）のような文章は普通「彼女はお腹が空《す》いたので、イタリアンレストランで食事をすることにした」のような記述がありそうです）。その場合は、提示されている命題を「マクロ命題」として選出するということになります。

また、マクロ命題が一つの文章に一つしかない、ということではありません。普通、一つの文章から複数のマクロ命題が構成され、さらにそれを束ねるマクロ命題がマクロ規則に従って構成されていき、全体の階層構造が作られていきます（図14）。このように、複数の命題によって表されている個々の意味表象（ミクロ構造）を、一般化や構築のようなやり方でまとめたマクロ命題のもとに階層化していくことで、テキストベースの（マクロ）構造が構築されるのです。

第一章でお話しした内容を思い出してみましょう。文章を読むと、文章に書かれている内容にもとづいて作られた表象が作られるのでした。書いてあることを頭の中に整理した表象が「テキストベース」です。さらに、読み手は文章に書いていないことを自分の知識から補った理解表象に加えています。このような、書いてあることと自分の知識

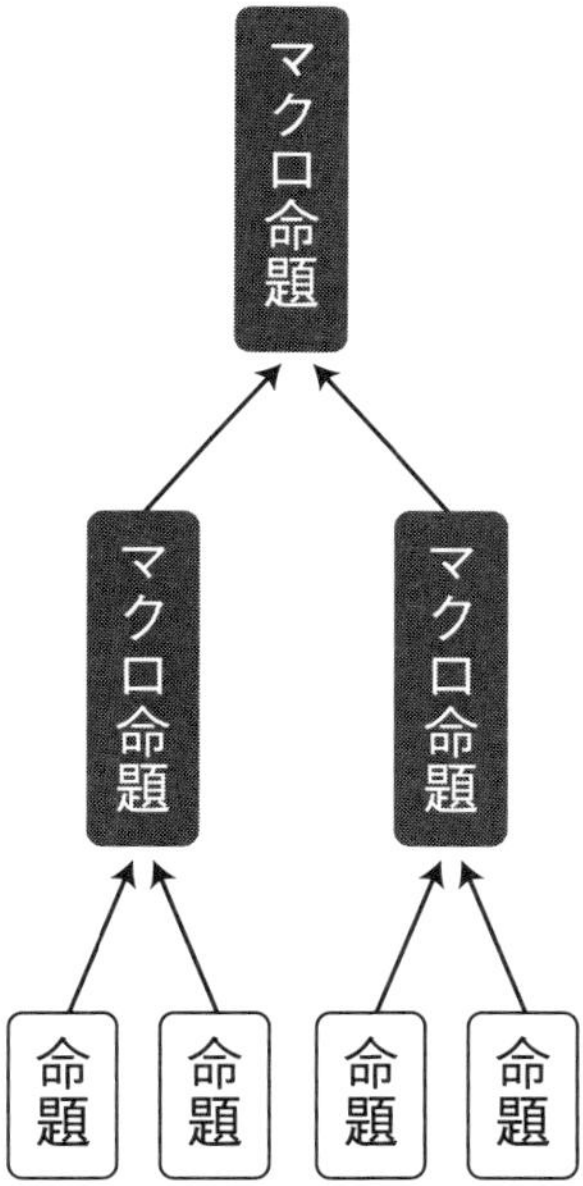

図 14　文章は階層構造で作られている

を結び付けた理解表象は「状況モデル」と呼ばれるのでした。

「中隔欠損症の赤ちゃん」の文章を思い出して、読み手がどのようにテキストベースと状況モデルを作っていくのか考えてみましょう。


赤ん坊が中隔欠損症をもっていると、血液から十分に二酸化炭素を除去することができない。そのため、中隔欠損症の赤ん坊の血液は黒ずんでいる。


まずは、文章からテキストベースが構築されています。図15を見ると、「赤ん坊」の情報はマクロ規則によって「削除」され、心臓疾患というマクロ命題が追加されているようです。ここで、心臓疾患という概念が推論されると、それに関連する知識（ここでは「血液の流れ」に関する情報）が活性化されます。

そうして活性化された知識が、テキストベースに加えられると、中隔欠損症の症状について推論した状況モデルが構築されます。

第一章でお話ししたように、私たちの頭の中の情報は連想関係でつながったネットワ

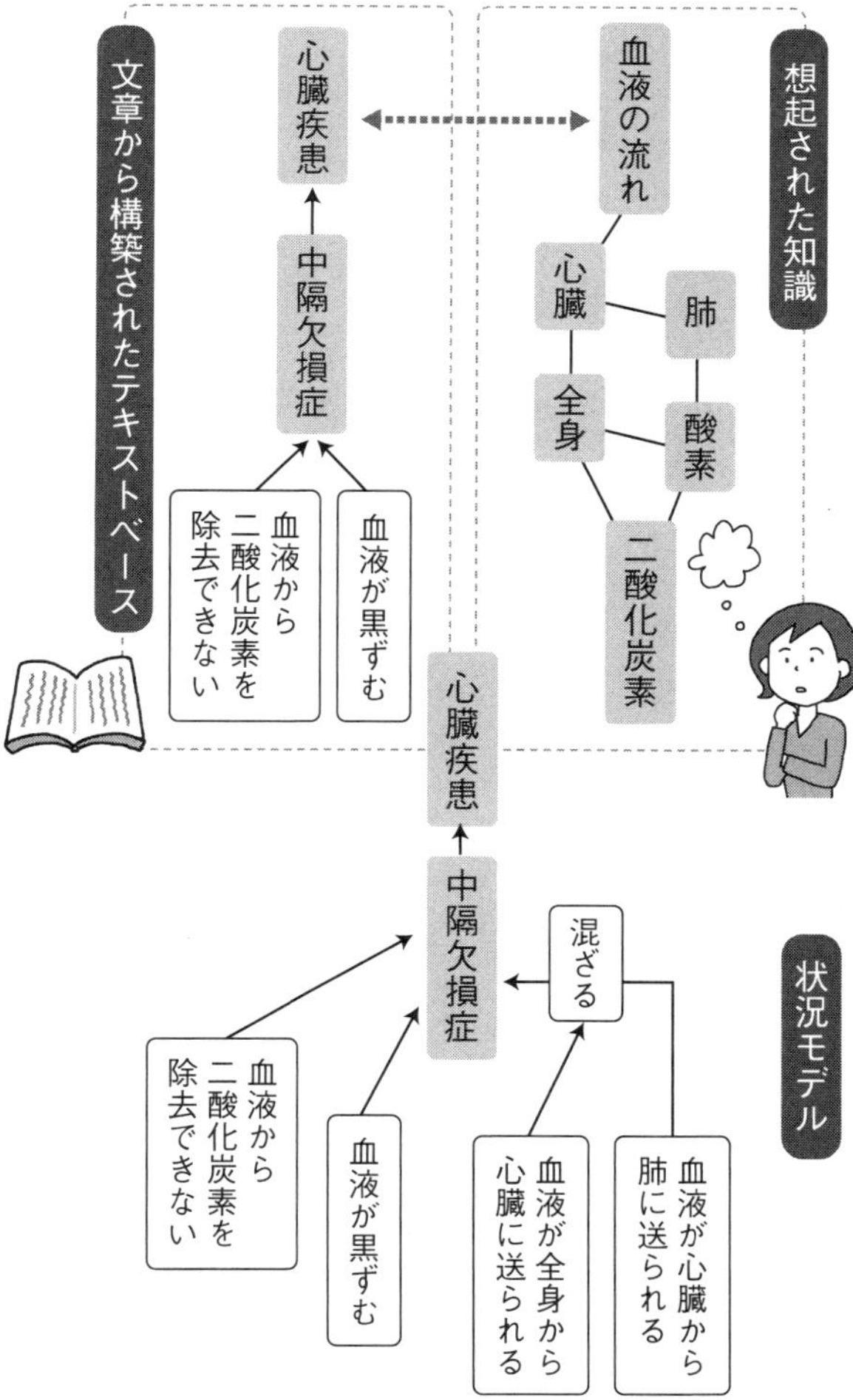
想起された知識
血液の流れ
心臓
肺
全身
酸素
二酸化炭素
文章から構築されたテキストベース
心臓疾患
中隔欠損症
血液が黒ずむ
血液から二酸化炭素を除去できない
状況モデル
心臓疾患
中隔欠損症
混ざる
血液が心臓から肺に送られる
血液が全身から心臓に送られる
血液が黒ずむ
血液から二酸化炭素を除去できない

図15　状況モデル

ークになっています。ですから、関係ありそうな情報を目にすると、知っている情報が連想されていきます。したがって、文章を読んでいるときも、知っている情報が色々に連想されていく状態になります。それをそのまま放置していると、今読んでいる文章の内容とは関係ないところにまで連想が進んでいったり、余計な情報が活性化されてワーキングメモリがパンパンになってしまいます。そうならずに状況モデルがうまく作れるのはなぜでしょうか。

テキストベースや状況モデルといったアイデアをはじめに提案した研究者のキンチは「構築」と「統合」という二つの過程が働くことで状況モデルがうまく作れることを説明しようとしました。「構築」の過程では、情報が活性化され、推論が進んでいきます。ここから、必要な情報を一貫性を持たせてまとめていくのが「統合」の過程だと考えるのです。

例に挙げた文章は短いので、一つの状況モデルで説明ができますが、より多くのトピックを含んだ長い文章を読んだときには話題の転換や場面変化によって複数の状況モデルが作られると考えます。そしてそれらが互いに共通している情報を軸につながりあっていると考えます。例えば、中隔欠損症の赤ん坊の文章に次のような続きがあったらどうでしょうか。

母親は、赤ん坊の病気についての診断結果を聞いたあと、しばらくはそのことをひどく気に病んでいた。一方、赤ん坊の主治医は中隔欠損症の予防が困難であることや、治療可能であることもわかっていた。

母親の心理状態に関する状況モデルと主治医の知識に関する状況モデルが作られ、それが「赤ん坊」や「中隔欠損症」という共通項によってつながっていくということがイメージできるのではないでしょうか。

3 トップダウンのプロセス

範囲を絞って考える

では、必要な情報をうまくまとめて統合するには何が必要でしょうか。はじめに考えなくてはならないのが、知識の働きです。ここまでは主に、文字から単語、単語のつながりから命題、という具合に、より基礎的で小さいまとまりを大きなまとまりにしていく方向で読解のプロセスを考えてきました。これはボトムアップの処理とかデータ駆動型処理と呼ばれるのでしたね（第三章）。

ここでは、もう一つの方向、トップダウンの処理（概念駆動型処理）についてお話ししたいと思います。ボトムアップの処理は、データを一つ一つつなげていく、いわば「ヒントなしのジグソーパズル」を解いていくような処理プロセスです。パズルのあるピースには丸いへこみがある、別のピースには丸いでっぱりがある、この二つがつなげられそうだ、と考えていくようなプロセスです。それに対してトップダウンの処理とは、「完成したら人間の顔になりますよ」というように「あらかじめ全体像を知っているときのジグソーパズル」状態の処理プロセスを指しています。「この赤色は口のピースだろうからこの辺かな」と完成した状態についての知識をもとに、個々のピースを位置づけていくのがトップダウンの処理ということになります。

文章読解について、ここまで主にボトムアップの処理に焦点を当ててお話ししてきましたが、状況モデルの表象を構築するためには知識を用いたトップダウンの処理がとても重要です。まず、次の例文を読んでみてください。

（f）女性は私に靴を脱いで機械の中に入り、手を上げるように指示した。別に恐ろしいことが起こるわけではないが、なんだか緊張してしまう。言われるがままにしていると、機械が作動して全身をスキャンしていく。毎回面倒なことではあるけれど、安全のためには仕方ない手続きだろう。私だって武器を持ったハイジャック犯と同じ飛行機に乗るなんてごめんだ。

（g）歯科医院の独特の匂いの中、椅子の背もたれがゆっくり倒れていく。頭の上の照明がまぶしくて目がちかちかしてしまう。正面から目をそらすと、横に並んでいる機械が見えた。どの機械もピカピカで、頼もしくもあるが恐ろしげにも見える。なんでこんなことになってしまったんだろう。後悔しつつ観念して口を大きく開けた。

どちらもあまり難しいところはない文章ですが、（g）のほうが「簡単だ」と感じたのではないでしょうか。どちらの文章も比較的なじみのある日常語彙で書かれていますから、「単語の意味が分からない」ということはないでしょう。また、統語もそれほど複雑ではなく、それほど難しくないはずです。ワーキングメモリへの負担は軽いはず。

それでも、（g）のほうが簡単に感じられるのは、「何の話かわかりやすい」からです。（f）の文章は、「全身をスキャンしていく」というあたりまでは「何の話？　よく分からない」と感じたのではないでしょうか。「どういう状況だろう？」「SF小説？　警察に捕まった？　お医者さんに来た？」などいろいろ想像するかもしれません。理解するというのは表象を作ること、とお話ししましたが、ここまでのところで作られる表象はなんだかあいまいでモヤモヤしているのではないかと思います。ですが、読み進めていくと最後の一文で「飛行機に乗る前の保安検査の話」であることが分かります。するとそこで、そこまであいまいでモヤモヤしていた状況が一気に分かって明確になります。

一方、（g）の文章では、初めに「歯科医院」と書かれているので、何が起こっているのか戸惑うことがありません。もし、初めの「歯科医院」という単語がなかったらどうでしょうか。最後まで読んでも「いったいどういう状況？」と不思議に思うのではないでしょうか。

このように、文章全体の表象を構築するときには、「何の話か分かっている」ことが重要な役割を果たすことがあります。ボトムアップのプロセスに目立ったつまずきがない場合であっても（（f）や（g）の文章を読んでいるときに、特別単語が難しいとか、統語的に難しいとは思いませんね）、明確な表象を構築するのが難しいのは、ボトムアップの処理に使われるデータだけでは十分な情報が得られない事が多いからです。

たとえば、（f）と（g）の例文両方に「機械」という単語が出てきます。はじめに何の話かわからない場合は、知っている様々な機械の中からどのような機械を指しているのか、膨大な候補の中から考えなくてはなりません。それは普通難しいので、抽象的な「機械」や典型的な「機械」を想定するのですが、この二つの例文に出てくる機械はそれぞれ少し特殊なものですね。工場にあるような典型的な「機械」を想像すると大きく違ってしまいます。椅子や照明なども同様です。（f）の文章を読んでいるときは、それぞれがどのようなものを指しているのか分からず、知識の中の膨大な候補からどれを当てはめればよいか迷いながら読み進めなくてはなりません。一方、（g）では、「歯科医院」に関連する知識の中から適切なものを選べばよいので、あまり迷う必要がありません。（g）の文章がわかりやすいと感じるのは、はじめに「歯科医院」の話であることが分かっているので、歯科医院に関係する知識に限定して推論すれば良いことが明らかだからです。

ただし、このようなトップダウンの処理がうまく行われるためには、トピックに関する知識が必要になります。たとえば、（f）の文章を最終的に理解できるのは「飛行機に乗る」場面になじみのある人に限られます。飛行機にあまり乗らない人にとっては、「保安検査場」と言われても「そんな感じになってるんだっけ？」とピンと来ないかもしれません。読み手に「飛行機に乗る」スキーマがあれば、使うべき知識の範囲を限定することができますが、そうでなければトップダウンのプロセスはうまく働きません。（g）の文章についても同様に、歯医者さんで虫歯を治療したことがない人にとっては、「歯科医院」と言われてもうまく知識のなかから候補を選ぶことができませんから、結局よくわからないままになってしまうかもしれませんね。

“先行オーガナイザー”の効果

では、新しいことを学ぶときにはトップダウンのプロセスは働かないのでしょうか。新しいことを学ぶときには、その内容について知らないわけですから、トップダウンのプロセスは使えないように思われます。しかし、新しいことを学ぶ場合にも、これから読むのがどのような内容なのかを示されることが、トップダウンのプロセスの助けになることが知られています。

たとえば、学習に用いる文章の初めに「これから読むのはこういう内容ですよ」と前置き文を置いておくことで、その前置き文を枠組みとして利用して、文章内容についての表象を構築していくことが分かっています。よく用いられるのは「先行オーガナイザー」と呼ばれる文や図で、その文章内容を抽象化・一般化した記述を指しています。ちょうど、テキストベースのマクロ命題に当たるような記述を用いることもあります。その場合、もともと持っている知識を使って情報を統合していくというより、与えられたマクロ命題に沿って統合していくというプロセスが生じると考えることができます。オーガナイズは英語で「整理する」という意味があります。先行オーガナイザーは、学習する内容に先立って示され、内容を整理するもの、というわけです。

たとえば、動物の生態について説明する文章の初めに

動物たちは、敵との戦いを避けるように生活しています。それぞれの動物のどのような特徴が敵との戦いを避けることに役立っているのでしょうか。

と書いてあったとします。読み手が「動物にとっての敵」についての知識や「戦いを避ける」ためにできそうなことについての知識を持っていれば、それを予め《あらかじ》思い出しておくことができます。すると、その先に書かれている内容について、より明確な表象を作ることができます。また、読み手が「動物にとっての敵」の知識をほとんどもっていなかったとしても、文章を読む際に「敵との戦いを避ける」というマクロ命題のもとに情報を整理していくことができます。そのため、先行オーガナイザーがないときと比べ

ると、一貫性のあるマクロ表象を作りやすくなると考えられます。

教科書などの説明文を読んでも「よくわからない」「難しい」と感じることの原因の一つが、関連する知識がないことや、そのためにトップダウンのプロセスがうまく働かなかったことにあるかもしれません。そうだとすると、先行オーガナイザーをおいて、知識がなくても一貫した表象が作れるようなサポートがあると、内容がわかりやすくなることが期待できます。

ただし、先行オーガナイザーが適切に働くのは、主旨に合致した適切な先行オーガナイザーがある場合に限ります。文章の主旨にそぐわない先行オーガナイザーが置かれた場合にも、読み手はそのオーガナイザーから提示される枠組みに沿って理解表象を構築していこうとしてしまいます。皆さんがこれまでに文章を読んで「難しかった」「分からなかった」と感じたことの背景には、関連する知識がなかったこと、その知識のなさをサポートするような良い「先行オーガナイザー」がなかったことが関係しているかもしれません。

4　文章のジャンルによる違い――物語のほうが読みやすいのはなぜか

文章にはいろいろなジャンルがあります。その中でも心理学でよく研究されているのが物語と説明文です。ここまで、状況モデルの構築についてお話ししてきた内容は、基本的には説明文と物語の両方に共通している部分です。ですが、物語と説明文の理解では異なるところもあります。どのような違いがあるのでしょうか。

物語とはなにか、という問いに答えるのは実は少し難しいのですが、ここでは「冒頭から結末までの因果のつながりの中に様々な出来事や登場人物を含むもの」というよく用いられる定義を使って、物語をとらえてみることにします。

まず、物語と説明文のいずれにおいても状況モデルが構築されることが目的となっている点は共通しています。しかし、状況モデル構築において、命題を関連付ける際に重視するポイントが少し違っています。両方で重視されているのが因果関係です。ある命題で述べられることが別の命題で述べられることの前提となっている場合には、そこに因果関係があると考えます。

（h）メロスは友を救うため急いでいた。つい眠り込んでしまったが、慌てて飛び起きた。

（i）鶏肉《とりにく》の調理においては、食中毒を防ぐため新鮮なものを用いる。これを加熱し、中心部の温度が七五度以上になってから火を止める。

（h）の文章で、「眠り込む」ことがなければ「起きた」という事態にはならないので、この場合は因果関係がある、と考えます。また、（i）でも、「加熱」しなければ「火を止める」ことは生じないのでここも因果関係があると考えられ、関連付けられていきます。

一方、物語では意図が重視されますが、説明文ではあまり重視されません。意図とは、この場合同じ目的を共有しているかどうかです。（h）の文章では「友を救う」という目的を意図した行為である「急ぐ」と「飛び起きた」が関連付けられます。説明文で同様の関係にあると言えるのは、「食中毒を防ぐ」という目的を共有する「新鮮」と「七五度以上」ですが、これらの関連付けは「急ぐ」と「飛び起きた」の関連に比べるとそれほど強くありません。

説明文を読んでいるときの読み手は、普遍的な原因と結果の関係性をとらえようとして読んでいるのに対して、物語を読むときには登場人物がどのような目標をもって行動しているかに注目している、という違いがあるのです。

また、物語の場合は、状況モデルの更新が頻繁に生じる点も特徴と言えます。たとえば、ミステリー小説を読んでいるときには、特定の状況があったかのように（ミスリードされて）理解していたが、実はそうではなかった、と状況を理解しなおす必要にしばしば迫られます。ミステリーでおなじみの「その部屋には誰も入れなかった」という〝密室〟の状況モデルは、たいてい「特殊な方法で入ることができた」という形で更新されたり、そもそも〝密室〟であるかどうかは重要でないとして削除されたりしますね。あまり関係ないと思っていた事実が中心的な出来事に大きな影響を与えていることが分かって「そういう伏線だったのか！」と驚くのもミステリーの面白さの一つではないでしょうか。このとき、状況モデルが更新されているのです。
さらに、文章の構造に目を向けると、多くの物語に共通した構造があり、説明文にはそうした共通構造がないという大きな違いがあります。典型的な物語は、「時間」「場所」といった設定に関する情報と、「登場人物」そして登場人物の「行動」といった要素から成り立っています。昔話は「むかしむかし、あるところに」から始まりますが、これも「時間」と「場所」の要素を伝えていると言えます。その後、主要な登場人物が紹介され、その登場人物がどのような行動をしたのか、が記述されていきます。

むかしむかし　↓時間
あるところに　↓場所
おじいさんとおばあさんが　↓登場人物
おばあさんは川に洗濯にいきました　↓行動

物語の中の行動は、時系列と因果に沿って整理されています。つまり、行動には理由があり、誰かが行動した結果として次の事態が生じたり、その結果として誰かの行動が発生したりする、という形で記述されているという特徴を持っているのです。「おじいさんとおばあさんには子どもがいなかったので、桃から生まれた子どもを大切に育てた」という記述は、桃太郎を大切に育てる理由を示しており、続いて「桃太郎はすくすく育ちました」と述べられることで、その結果として子どもが成長したことが示されていきます。

典型的な物語では、中心となる出来事が存在し、この出来事は課題解決の形をとります。「悪い鬼がみんなの財産を奪う」という課題があるので、それを「退治する」という解決をするというのが物語の中心的な出来事として位置づけられますね。また、周辺的な出来事にも課題解決の形がとられることが普通です。例えば、「仲間不在」という課題を「きび団子でサル・犬・キジを仲間にする」ことで解決する、というのは周辺的な出来事の中にも課題解決の枠組みがあることを表しています。

このような多くの物語に共有されている構造のことを「物語文法」と呼んでいます。「文法」と言われると少しイメージしにくいかもしれませんが、「物語枠組み」のように翻訳して理解していただければと思います。

説明文には、この「物語文法」を当てはめることは困難です。試しに教科書を開いてみてください。登場人物による課題解決として数学や理科の内容が説明されている箇所はないですね。歴史は時系列で登場人物が存在するので、物語にしやすい教科と言えるかもしれませんが、教科書には典型的な物語ほど明確な因果は示されていないことが普通です。

説明文には物語のような分かりやすい枠ぐみ（説明文法）がありません。説明や論説にも「序論・本論・結論」のような構造や、「抽象的記述と具体例」のようなパターンを見出すことはできますが、物語文法のように全体を貫く共通構造が一貫して存在するとは言えません。説明文には、物語のように「たいてい使える枠組み」が存在しないということです。

共通構造があるので、説明文より物語のほうが一貫した状況モデルを作りやすい、といえます。文章構造に関する知識をトップダウンの処理に使えるからです。トップダウンの処理に使える知識は、内容に関連する知識だけではありません。トップダウンの処理のポイントは、あらかじめ想定する範囲を絞ることでワーキングメモリの負担を減らし効率的に理解することでした。あらかじめ文章がどのような構造になっているかが分かっていれば、命題をどのように整理すればよいかあらかじめ想定することができます。出来事や登場人物の行動を中心に命題間のつながりを分析していけばよいということがあらかじめ分かっていれば、様々な関連付けの可能性を検討するよりずっと楽だというわけです。物語文法があることで、私たちはあらかじめどのような情報がマクロ命題となるかを想定することができ、より負担なく効率的に全体の構造を把握できるようになるのです。

また、物語文法は、私たちが日常的な経験を記憶し他者に伝えるときのやり方とよく似ているという点でも有利だと言えます。私たちは、自分の経験を「時間」「場所」といった設定と、そこで、「登場人物」がどのような「行動」をしたのか、その結果何が起こったのか、という枠組みで整理して伝えようとします。皆さんが「昨日の出来事」を誰かに話すときも、「昨日サッカーの試合でさ、……」という具合にまずは時間と場所を明らかにしたあとで、「なかなか点が入らなくてイライラしたんだけど、アヤちゃんがすごいシュート決めたんだよ」と語るのではないでしょうか。もちろん日常生活での経験は、物語ほどきれいな課題解決の提示にはならないことも多いですが、単に「アヤちゃんがすごいシュートを決めた」というだけではなく、「なかなか点が入らなくてイライラした」という課題を示すことで、自分の経験をよりよく伝えられたという感覚を私たちは身につけているのではないかと考えられます。

このように、物語文法と経験を語ることには共通した要素と構造があることは、決まった枠組みがあることの利点をさらに強調することにつながります。ただ同じ構造があるというだけでなく、私たちが日常的によく使うのと同じ構造を想定して読み進められることが、物語の分かりやすさを生み出していると考えられます。

5 読み上げることと分かることの差

文章を読むということは、第五章までにお話ししてきたようなプロセスを経て、さらに命題同士をつなげて全体構造を作り、そこに自分の知識をつなげていくこと、そうして作った状況モデルをつなげたり更新したりしていくことだということがイメージできたでしょうか。

読解の第一の目的地として示した、文章全体の状況モデルの構築については、明示されていない部分について推論する必要がありました。そのためには、自分の知識を様々な形で利用しているのです。命題と命題を結び付けるボトムアップのプロセスだけでなく、トピックに関する知識や文章全体構造の知識を使って想定する世界を限定していくトップダウンの処理によって状況モデルが作られていくのです。

文章を読むのが難しいとか、読んでもわからない、ということの背後には実に様々な要因を考えることができました。はじめは「文字が読めるなら文章の内容も分かるでしょ」と思っていた人も、「どうやらそうではなさそうだ」と考えが変わったのではないかと思います。

小中学生、高校生で「読解が苦手」という人と話をしていると、その人の中に、文章全体の状況モデルを構築することが読解の目的だ、という意識がない（薄い）ということがあります。極端に言うと、「読み上げる」ことが読解であると考えているようなイメージです。このタイプの生徒は、自分が「うまく読めない」のがなぜなのかわからず、読解センスがないのだ、とあきらめてしまうことも少なくありません。ここまで本書を読んでくださった方は、「読み上げ」は読解の基礎として重要ではあるけれども、そこをクリアすることが文章全体の理解を保証してくれるわけではないということをよく理解してくださったことでしょう。読解力をつける第一歩は「読んで分かるというのはどういうことか」ボトムアップの処理とトップダウンの処理について理解し、どうすればつまずきを解消できるのか考えることです。

第七章　表象構築のために何ができるか

文字から文章全体を理解するまでに、人がどのような処理を行っているか、心理学の研究をもとに紐解《ひもと》いてきました。なかなかの長旅でしたね。ボトムアップのプロセスも、トップダウンのプロセスも、普段「なんとなく」読んでいるときには意識しない（速すぎて意識できない）ことが多いですが、よりうまく表象を構築するためには、それぞれのプロセスにおけるつまずきを防いだり解消したりするために「意識的にできること」もあります。本章では、よりよい表象を構築するために何ができるかを考えていきましょう。

1　文章の要因、読み手の要因

ここまでお話ししてきたように、読解にはいくつものステップがあり、そのそれぞれで「理解が困難になる原因」や「困難のもと」がありました。しかし、こうした困難は、どの文章でもどの読み手でも同じように生じるわけではなく、文章と読み手の特徴の組み合わせで読むのが困難になったり簡単になったりすると言えます。極端な例を挙げると、小学生向けの説明文は多くの大人にとっては難しくありませんが、小学生にとっては難しいと感じる部分も多いはずですね。文章で用いられている単語と読み手の単語の知識の組み合わせ、用いられている文構造の複雑さと読み手の統語解読のスキル、トピックとそれに関連した読み手の知識量など、多くの要因が組み合わさることで「難しさ」が決まってくると言えます。ですから、「この文章を読むときはこうすればよい」「この年齢の人はこれをやればよい」ということを単純に示すことはできません。

このことを示す例として「一貫性効果」と「逆一貫性効果」を紹介しましょう。第六章でお話ししたように、談話理解のレベルでは命題同士をつなげていくことで全体の表象を構築していきます。このとき、命題と命題にオーバーラップがあることを明確に示すと文章が分かりやすくなるという原則がありました。これを「一貫性効果」と呼びました。文と文に共通する要素があることをわかりやすく示すことで、文章の理解が促進されるのでした（詳しくは第六章1節を参照）。ですが、これも実は万能ではないことが分かっています。

文章理解の研究で有名な研究者の一人であるマクナマラは、「逆一貫性効果」ということばで、命題間のオーバーラップが明示的でない文章のほうが、事後の記憶成績が良くなることがある、ということを示しています。マクナマラたちの初期の研究では、読み手が関連する知識を豊富に持っているときに逆一貫性効果が生じることが示されました。知識量の多い読み手と低い読み手それぞれに、命題間のオーバーラップが明確な文章と不明確な文章を読ませ、読後に問題に答えさせたところ、知識量の多い読み手が命題間のオーバーラップが不明確な文章を読んだときに、応用問題への正答率が高かったのです。マクナマラたちは、このような「逆一貫性効果」が生じたのは、命題間のオーバーラップが明確でないことが、読み手に知識を活性化することを促したためだと考えました。

たとえば、野球についての文章を、野球に詳しい人とあまりよく知らない人が読んだと考えてみましょう。知識が少ない読み手は自分の知識を使ったトップダウンの処理が難しいので、命題間のオーバーラップが少ない文章だとうまく全体構造を作れなくなります。第六章で一貫性効果について説明したように、命題間のオーバーラップが不明確な文章を読む場合は、知識を使って命題を結びつけるための推論をしなくてはなりませんが、明確な文章であればその推論の必要性は小さくなります。知識が少なくても適切に命題を結びつけたテキストベースを構築するためには、その負担を減らしてくれる明確な文章が効果的であると言えます。一方、野球に詳しい人の場合は少し事情が異なります。知識が豊富な読み手の場合は、野球の知識を使って読むだけでなく、命題間のオーバーラップが少ない文章を読むことで、より積極的に自分の知識を使って読もうとします。この働きが結果としてトップダウンのプロセスを強くするので、よい状況モデルを作ると考えられるのです。知識がない読み手はこのような恩恵は受けられません。どんなに促進されても活性化できるような知識がないからです。そのため、知識が多い人達についてのみ、一貫性効果が「逆」、つまり「オーバーラップが少ないほうが良い」結果が生じたのだろうと考えられたのです。

　ところが、このあと、マクナマラたちは「知識だけでなく、読み手の読解能力を考慮すると「逆一貫性効果」が逆転する」ということを示しました。もうどっちが逆方向なのかわからなくなりそうですが、知識が豊富な読み手全員に「逆一貫性効果」が生じるわけではない、逆一貫性効果が生じるのは知識が豊富かつ読解能力が低い場合だ、ということを示したというのがポイントです（「読解能力ってなに？」と疑問を持った方もいるかもしれません、鋭い質問です。もう少しあとでこの点はお話しするので少し我慢してください）。知識が豊富な読み手のうち、読解能力が低い層については「逆一貫性効果」が生じて、命題間のオーバーラップが不明確な文章のほうが読後の成績が高かったのに対して、知識が豊富で読解能力が高い層ではそのような効果は見られず、どちらかというと命題間のオーバーラップが明確な文章のほうが記憶テストの成績はよいということが示されたのです。

一貫性効果について整理すると、図16のようになります。

まず、知識が少ない読み手の場合には、先ほど説明したように、命題間のオーバーラップが多い明確な文章が理解度を向上させる「一貫性効果」が生じます。一方、知識が豊富な読み手の場合は、読解能力によって文章の明確さの効果が異なります。知識は豊富だが、読解能力が低い読み手の場合は文章が不明確なほうが記憶テストの成績が良く

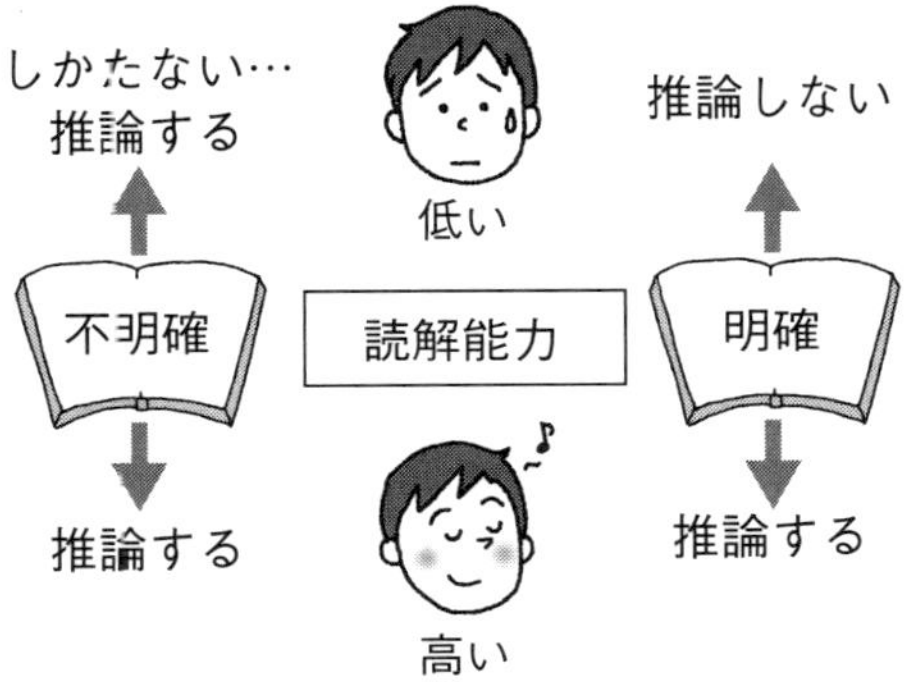

図16

なります。先ほどの野球の例で言うと、「野球について は詳しいが、読解は苦手だ」という人の場合を ここでは考えています。命題間のオーバーラップが明確な場合、この人たちはあまり熱心に推論をして自分の知識と結びつけようとしません。そのため、状況モデルがうまく作れず、内容を思い出して推論するのが難しくなるのだと考えられます。

一方、同じように知識が豊富な読み手であっても、読解能力が高い人たち（野球に詳しく読解も得意な人たち）は、野球の文章だけに限らず、普段から文章を読むときに自分の知識とつなげるための推論を積極的にしていると考えられます。したがって、文章が明確な場合も不明確な場合と同じくらい、いつもどおり積極的に推論を行ったのだと考えられます。

このような違いが反映された結果、逆一貫性効果が「知識が多く読解能力が低い読み手」にのみ生じるのです。

この実験の結果を見ると、不明確なテキストを読んだ場合には、読解能力の低い読み手と高い読み手の成績には差がありません。読解能力の低い読み手が、文章の不明確さによって「仕方なく」推論を増やす一方で、読解能力の高い読み手は「いつもどおり」推論を行っているので、差が見られないというわけです。読解能力の高い読み手にとっては、命題間のオーバーラップが明確なことのメリットが上回ってきます。つまり、テキストベースを構築するための負担が減り、その分のワーキングメモリを使ってさらに推論ができるようになるため、明確な文章のほうが良い成績になる、というわけです。

2 読解能力とはなにか――読解のスキルと方略

さて、前節の説明で気になるのは「読解能力」とはなにか、という部分なのではないでしょうか。多くの研究では、標準化された読解能力テストのスコアを指していることが多いです。よく使われるのは、ネルソン・デニー読解力テストで、このテストは語彙テストと理解度テストから構成されています。理解度テストでは、短い文章を読んで、その内容についての質問に答えていきます。これまでにお話ししてきた読解プロセスの観点から考えると、語彙と構築されたテキストベースを問う問題になっていると言えます。

読解のボトムアッププロセスを考えると、こうしたテストには、読解時の様々なスキルが反映されると考えられます。

たとえば、スラスラ読めることは文字を音に変換するというはじめのステップで重要なスキルですが、これがどの程度流暢《りゅうちょう》にできるかを問うような課題を取り入れている読解能力テストもあります。また読解のそれぞれのステップで必要な能力を取り出して測定するという試みもされています。

前節で取り上げたマクナマラたちの研究では、ネルソン・デニー読解力テストと「読解方略」を取り上げています。「方略」という言葉は心理学でよく用いられる用語の一つですが、なにか課題を達成したいときに人がとる行動や思考を指しています。概《おおむ》ね「やり方」と言い換えられますが、単に「やり方」というときより、「目標達成のための戦略」としての意味合いが強いと考えてください。読解方略は「読解のときの方略」ですから、「文章を読んで理解表象を構築するための戦略として用いられる読み方」のことです。

子どもの読解について調査をしたアメリカのThe RAND Reading Study Groupの縦断調査の結果によると、「三年生で学年レベルの成績であった子どもがそのまま熟達した読み手になるわけではない」と指摘されています。これは、学年が高くなるにつれて、スラスラ読むスキルだけでなく、読解方略の使用が重要になってくるためだと考えられます。三年生くらいまでは、複雑な文章を読む機会は少なく、内容も自分が知っている日常的な生活に関するものが多いと考えられます。そのため、スラスラ読み上げられれば、知っている単語が出てくるし、統語における推論の必要性も高くなく、状況モデルを作りやすい場合が多いと言えます。しかし、学年が高くなると、より長くより複雑な文章を読む機会が増していきます。そうなると、スラスラ読めても統語における推論が必要になったり、テキストベースや状況モデルを構築するための主体的な取り組みが必要になってくるのです。この「主体的な取り組み」が読解方略の使用だというわけです。

具体的に、どんな方略があるのでしょうか。私自身が行った調査では、説明文を読むときの方略を大きく三つのグループに分けて整理することができました。

一つ目は「理解補償方略」と名付けた方略グループで、部分的なつまずきや表面的なつまずきを解消するための方略です。このグループに入る方略の一つが「意味明確化」です。わからない単語があったときに、前後の文脈からどういう意味か推測したり、そのままではわかりにくいと感じたときに自分にとってわかりやすいことばに置き換えたりすることです。基本的な「読みのプロセスのコントロール」もこのグループに入る方略です。みなさんも、あれ？　なんだかわからなくなったぞ、と思ったときにもう一度読み直すとか、ゆっくり読んでみる、という方略をもちいるのではないでしょうか。そう、これも立派な方略です。そのままなんとなく読み進めてしまったら、表象が構築できませんから、意図的に立ち止まったりゆっくり進んだりしているのですね。

二つ目のグループの方略は、説明文を読むときに書いてある内容を学習しようとするものだったので、「内容学習方略」と名づけられました。そのため、このグループの方略は「内容学習方略」のための方略としてまとめられました。この中に入る方略の代表格は、大事なところを見つけたり、メモしたりする「要点把握」の方略です。「要点把握」の方略は学校でも指導されることが多い方略の一つです。一方、同じ「内容学習方略」グループの方略でありながら、あまり学校では取り上げられていないのが「質問生成」です。「質問生成」は、たとえば、先生だったらどんな質問をするかな、と考えたり、キーワードについて自分で説明できるかな、と自分の理解を確認するような質問を考えることです。また、「まだよく分かっていない感じもするけど、とりあえずここはそのまま覚えておいて先に進もう」というように、とにかく覚えてしまおうとすることもあるでしょう。これを「記憶」方略と名付け、「内容学習方略」グループの一つと位置づけました。「記憶」方略はあまり望ましくないように思われそうですが、実際には要点把握や質問生成の方略を用いる人ほど記憶方略も用いる傾向があったので、これらはすべて書いてある内容を理解するために有効な方略として読み手に用いられているのだろうと考えられました。

三つ目のグループは、文章に明示的に書いていないことに目を向けて理解を深めようとする「理解深化方略」グループです。このグループの方略で、学校の国語の授業でよく取り上げられるのは「構造注目」の方略です。これは、文章がどのような構造になっているのか、たとえば接続詞に注目して全体の構造を把握しようとしたり、段落ごとのまとまりに目を向けたりする方略です。多くの文章は「この文章は最初に問題を二つ提示して、その後で対応する解決策を示します、最後にそれらの実例を挙げます」というような文章全体の構造を明示的に書いてはくれません。見出しや接続詞などのヒントを使いながら、読み手が自分自身で把握していく必要があります。また、その把握した成果がテキストベースに反映されると考えられます。もう一つの「理解深化方略」グループの方略は、「既有知識活用」です。第六章でお話ししたように、文章の全体像を把握し明確な状況モデルを構築するためには、自分の知識をうまく使う必要がありました。タイトルや見出し、先行オーガナイザーなどの形で、文章が既有知識をうまく活性化してくれることもありますが、いつも期待できるわけではありません。文章を読むときに、自分が知っていることとどんな関係があるか、前に勉強した内容とどのようにつながっているかを考えることで、状況モデルを明確にしていくことが説明文の理解にとっては重要だと考えられます。

この章の冒頭で紹介したマクナマラたちは、「読む準備」「単語や文、文中の概念の解釈」「文章の構造化と統合」「文章内容からの深化・発展」という四つのカテゴリーにわけて方略を考えています。単語や文から文章全体へという方向性は、これまでに見てきた読解のボトムアッププロセスに沿って、方略を整理しようとしていると言えます。「単語や文、文中の概念の解釈」についての方略は「意味明確化」の方略に近く、「文章の構造化と統合」は「要点把握」や「構造注目」に近い内容が含まれています。

一方、「読む準備」は前述した方略グループには入っていません。三つの方略グループは、読んでいる最中の行動に焦点化していますが、マクナマラたちは「読む準備」や「文章内容からの深化・発展」として、じっくり読む前後の段階も想定しているという点に違いがあります。例えば、「読む準備」として、読解の目標を立てる、はじめにさっと全体を一読する、などの行動が含まれています。じっくり読む前に「こういうことができるように」とか「これこれについて論じられるように」というような目標を立てたり、ざっくりとどんな内容が書かれているのか見ておくことは、これから構築していくテキストベースの大まかな枠組みを考えるのに役立ちます。また、状況モデルを構築したあとで、そこからどんなことが言えるか考えたり、これから学びたいことを考えるといったように、文章に書かれている内容を超えて自分の知識を拡張していくことも読解の一部だと捉えると、「文章内容からの深化・発展」のカテゴリーも重要な読解方略だと考えることができるでしょう。

読解方略の例を見て「それは自分も読んでいるときによくやるなあ」と納得したり「そんなことやってる人がいるの?」と驚いたりしたのではないでしょうか。中には「こんな事する意味ある?」と思うものもあったかもしれませんね。

読解方略を意識的に使うことで、より明確で一貫性の高いテキストベースや状況モデルの構築ができるということは、一九八〇年代以降の心理学の研究において繰り返し確認されてきました。もちろん、どれを使っても同じ、ということではなく、例えば「意味明確化」の方略を用いると文レベルでの正確な理解が可能になる、「要点把握」方略を用いることでより本文の主旨を適切に捉えたテキストベースが構築される、というように、その方略が対応するボトムアッププロセスが改善されるということが示されています。

特に、読むのが苦手な児童・生徒に対して、方略を指導し、方略を使う練習をすることによって、読解成績を向上させるという指導は数多く実施されていて、読解指導はまず方略を教えることから、というのが教育心理学的には「常識」となっています。

3　読解方略を身につける

では、どうすれば読解方略をよりよく身につけることができるのでしょうか。心理学の研究では、学校でどのように教えるかという点に焦点を当てた研究がたくさんあるのですが、ここでは、それらを踏まえてみなさん自身が方略を身につけるためのポイントをいくつか示したいと思います。

どのような方略があるか知る

まず重要なのは、どのような方略があるのか、方略についての知識を持つことです。読むのが苦手な生徒に読解方略を説明すると「読むときのやり方なんて考えたことがなかった」「もっと早く教えてくれればいいのに！」と言われる事が少なくありません。

学校でも読解方略を教わってはいるのですが（少なくとも先生は教えていると考えていると思うのですが）、「いいですか皆さん、これが〝読解方略〟ですよ！　使うとこんな良いことがありますよ！」と説得されているわけではなく、さり気なく教えられているために、印象に残らないということもあるのだと思います。

前節で示した三つの方略グループを念頭に、どんな読解方略があるか、それはどんなところで役立ちそうか考えてみましょう。読解方略についてはいろいろな提案が心理学以外からもなされています。たとえば、教育学者の齋藤孝《さいとうたかし》は「三色ボールペン」読解法というコツを提案しています。「とても重要なところは赤、まあまあ重要なところは青、（重要ではないかもしれないが）面白いと思ったところに緑の線を引く」というやり方です。これは、「要点把握」の方略の一種ですね。

また、哲学者の戸田山和久《とだやまかずひさ》は「論文を書く」という目的のもとで読むときの方略として、「タグ付け」を提案しています。自分の知識と照らしてみて、新しい内容に「メウロコ（目からウロコが落ちた、知らなかった！）」、納得いかないなあと思う内容に「ナットイカ（納得いかない、自分の考えと違う）」といったタグを付けるという楽しい読解方略です。自分の知識を積極的に用いるという点から考えると、「既有知識活用」方略の一種といえるでしょう。戸田山の提案は、より自分の知識や信念を重視しているというところに特徴があると言えそうです。

また、三つの方略グループに含まれていない重要な方略もいくつかあります。例えば読んできた内容をもとに、この後どんな内容が書かれているかを考える「予測」の方略や、内容を図に書き直す「図化」方略が有効な場合もあります。複雑な関係や位置関係、数値関係などが書かれている文章の場合は、「図化」方略が特に有効になるでしょう。自分がうまく表象を作りたいと考えている文章のジャンルや種類に応じて、特に有効そうな方略がどのようなグループのものか、またその中でもどのやり方が自分にとってやりやすそうか（三色ボールペンがよいという人もいれば、章ごとにまとめを書くほうがよい、という人もいるでしょう）を考えてみましょう。

使ってみる

知っているだけでは方略の効果は発揮されません。使って読んでみましょう。練習、練習！　しかし、やみくもにやってもうまくいかなかったり、やる気が出なかったりします。新しい方略を使ってみるというのはなかなか大変なことで、どうしても「方略を使ってもあんまり意味がない（にちがいない）」「めんどうくさい」「そんなことより××するほうがいい（に決まってる）」という気持ちが湧いてきます。よく分かります。新しいことを取り入れるのはめんどうですし、初めはうまくいかないことも多いでしょう。そうなると、読むことが嫌になってしまうかもしれません。

これを防ぐためには、ほかの人の力を借りるのが最も効果的です。たとえば「うまく読めたかどうか」をチェックしてくれる人がいると効果がアップします。理想的には家庭教師や学校の先生、お兄さんお姉さんなど、自分よりも読むのが上手な人（しかも方略を使っている人だとなお良し！）に、文章の主旨を捉えられているか、判定してもらったり、方略がうまく使えているかを確認してもらえるとよいですね。

友達といっしょにやってみる、というのも悪くありません。先生のように上手に「ここがよかった、こういうところに気をつけて」というアドバイスはしてくれないかもしれませんが、お互いに読んだ内容を相手に説明して、ちゃんと伝わるか試してみるとよいです。自分の頭の中に状況モデルを作って、それを今度はことばで誰かに伝えてみるのです。相手にはぜひ、説明を聞いてもわからなかったところを遠慮なく質問してもらいましょう。そうやって練習していく中で、「要点把握の中ではこの方略が使いやすいな」とか「必ずこの方略を使うとうまく理解できるな」と「自分なりの方略セット」が作れると思います。原則として重要な方略カテゴリーについての知識はすでに皆さんは知っているので、その中でのお気に入りを使いこなせるように練習するとよいです。

また、だれかに説明してみる、説明を聞いて質問する、というやりとりが読解方略の習得に役立つ、ということも重要です。一九八〇年代から、他者とのやり取りを通した方略の獲得が研究されて、その効果が示されています。私も、認知科学者の清河幸子さんとの共同研究で、説明活動による読解の促進について研究しました。私たちの研究では、「読むのが苦手」という中学生Aさんに大学院生とペアになってもらって、相手が内容を知らない文章について説明する「相互説明」という活動をしてもらいました。

自分が説明するためには、方略を用いてテキストベースをうまく構築しなくてはいけません。また、大学院生の説明を聞いて、わからないところを質問するという活動も取り入れました。Aさんと大学院生お互いに説明をし合うので「相互説明」なのです。質問は、「質問生成」の方略につながるだけでなく、自分が読んでいるときに「ちょっと分かっていないところがあるぞ」と気がつくのにも効果的だと考えました。私たちがこの指導を行ったとき、はじめは「説明も質問も自然とできるに違いない」と考えていました。しかしやってみると、はじめはうまくできないことがわかりました。たしかに説明も質問も「方略」がわからなければ手が出せません。そこで、説明の仕方、質問の仕方として方略を教えると同時に、なぜそれが重要かについても丁寧に説明してから改めて練習してみました。

練習を続けるうちに、Aさんは説明がうまくなり、質問も重要なポイントを押さえたものになっていきました。さらに、文章を要約する課題にもより適切に答えることができるようになりました。これは、テキストベースをうまく作れるようになったのだと解釈することができました。

この「相互説明」の活動のポイントは三つあると私たちは考えています。一つは、説明できるようになることがテキストベースの構築を助けられるということです。理解するというのは自分の外にある情報を頭の中に再現することですが、それをもう一度外に出すことを意識するのに意味があるのだと考えられます。日常的にも、誰かに質問されると「分かっていたつもりだったけど実はよく分かってなかったな」と気がついたり、説明し直すことで自分の頭がスッキリしたりするという経験をしたことがある人もいるのではないでしょうか。

図17　相互説明で理解が深まる

このような説明することの効能は、一九八〇年代から、アメリカの教育心理学者、チィを中心にたくさんの研究が蓄積されています。チィたちの研究では、文章を読んだあとでその内容についてテストをするという課題を出しています。実験参加者の半分には「一文ずつ読んだら自分で説明し直す」という自己説明をするよう指示しました。もう半分の人には「後でテストをするのでよく読んでください」とだけ指示しました。実験の結果、事後のテストの成績を比べると、自己説明をした人たちのほうが、状況モデルができていないと解答が難しい問題のできがよくなることがわかったのです。「相互説明」でも自分が説明するときには同じような効果が発揮されたのだと考えられますが、相手がいることで説明がより自然な文脈でできることや、質問されることでよりよい説明が促されるというところは、だれかと一緒にやってみることの利点と言えるかもしれません。

二つ目には、自分が知らない内容について、相手の説明を聞いて質問を考えることが、「分かっているかどうかをチェックする」練習になったということです。Aさんの様子を見ると、適切な質問をすることは、説明する以上に難しいようでした。考えてみると、学校の中でも質問の練習はあまりなされていないように思います。「ここがわからない」と指摘することは、説明する人のテキストベースのつながりが不十分なところを指摘することです。ですから、よい質問がなされることは、説明する人の理解を向上させることにつながる「よいこと」なのですが、どうも質問が良いこととは思えない人もいるようです。中学校で話を聞いたところ「質問されると、自分の説明がダメだったと思って残念な気持ちになる」という生徒が多かったので、質問することにネガティブなイメージを持っている人も多いのかもしれません。「質問は相手のため」ということがみんなに共有される必要があるということですね。

三つ目に、方略の意味とやり方を明示したうえで練習したことです。単に「たくさんやったらそのうちできるようになる」とひたすら練習するのではなく、なぜそれが必要か納得することが、練習の効果を高める上で非常に重要です。ですから、方略がなぜ有効か、活動のポイントはどこかということについて、この本を読んで納得できたという人は、練習もうまくいきやすいと考えられます（そういう意味でこの本の責任は重大ですね）。

読むことの練習をする、というと、一人で静かに、というイメージがあるかもしれません。ですが、心理学の研究では、仲間と練習したり、一緒に一つの文章を読んだりする中で読解方略が獲得されること、それによって読解能力が向上していくことが分かってきています。もちろん、誰かと一緒にやるのはちょっと恥ずかしいな、という人は、まずは説明をしようとしてみる（チィの自己説明をやってみる）ことから始めても良いと思います。説明できるかな、と自己質問するだけでも一歩前進です。

第八章　心を動かす読解

読解の第一の目的地である「状況モデルの表象構築」にはなんとかたどり着くことができました。状況モデルの構築とは、文章を読んでその内容を自分の知識とつなげて頭の中に再現することでした。新たな知識を身につけようとするときはこの目的地までたどり着ければ大満足ですね。教科書を読んだり、マニュアルを読んだり、新聞や解説文を読んだりして、「なるほどこういうことか」と理解できたというときには、状況モデルが構築されていると考えられます。

しかし、私たちの読解はここで終わらないこともたくさんあります。本章では、文章を読んで理解するだけでなく、内容に感動したり憤慨したりするような「心を動かす読解」について考えてみましょう。読むことによって、新しい知識を得ることは、「頭の中の変化」と位置づけられますが、何かを読んだことで気持ちに変化が生じるような「心の中の変化」も生じます。心理学では、頭の働きのことを「認知」、感情や気分といった心の働きのことを「感情」と呼んでいます。「表象構築の読解」の先には、特定の感情が生起したり、感情に変化が生じたりする「心を動かす読解」があるのです。たとえば、主人公が苦しい状況を乗り越えていく物語を読んで、人々を苦しめる世界のありように腹を立てたり、それを乗り越えた主人公を尊敬したり、自分もそうなりたいと願ったりする経験は多くの人が共有しています。

1　心を動かす読解に正解はあるのか

感情という言葉には様々な心の動きが含まれますが、そのなかでも、特定の対象や事柄に対して喜びや悲しみ、怒りといった意識が生じることを特に「情動」と呼びます。情動について先駆的な研究を行ったエクマンは、人間に基本的な情動として、幸福、怒り、悲しみ、嫌悪、驚き、恐怖の六つがあるのではないかと言っています。どのような文化のもとに暮らしていても、人間であれば持っている情動があると考えられるのです。

私たちが認識する様々な「気持ち」はこの基本的な情動と、これらを複合したり中間的だったり、微妙で複雑なものが様々に含まれます。そのような微妙で複雑な情動のあ

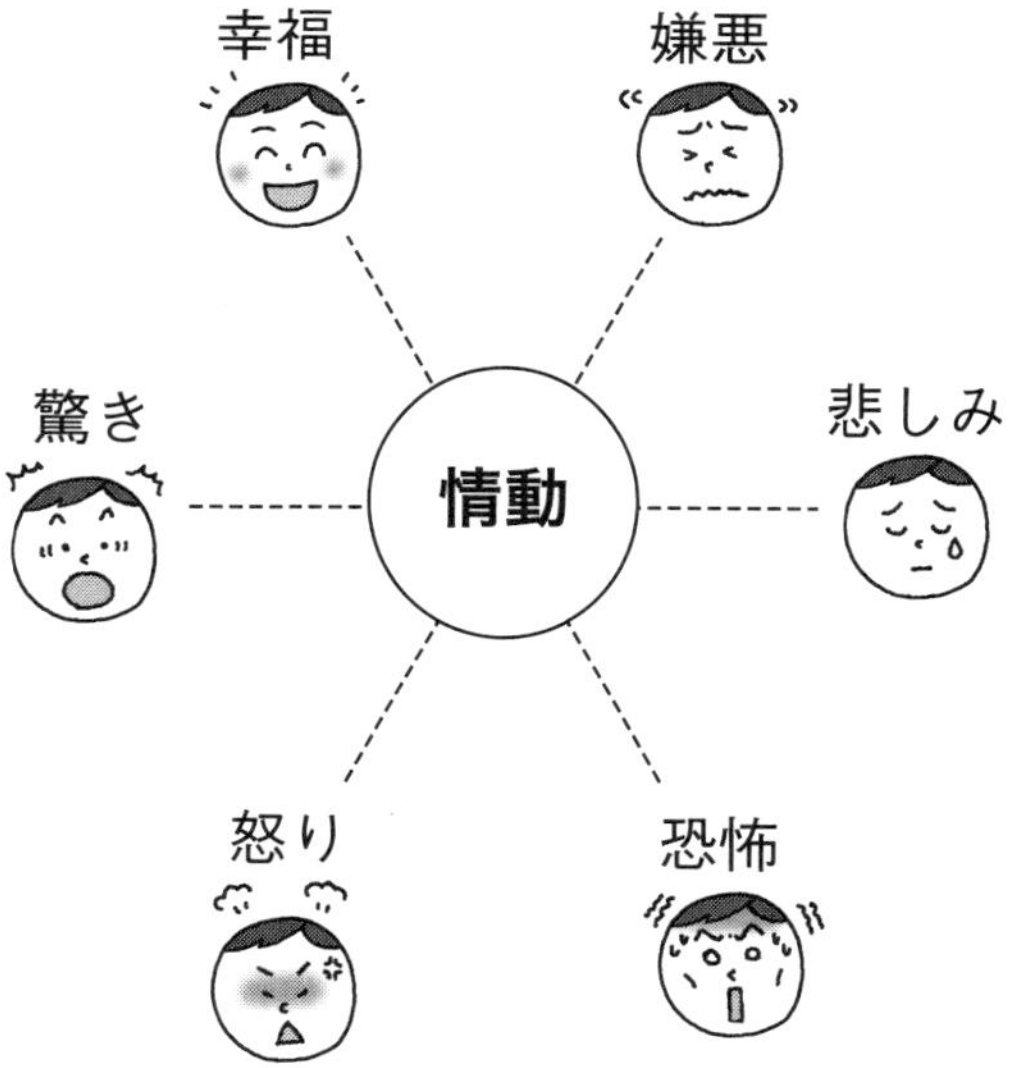

図 18　人間の基本的な情動は六つ

りようや、その表現の仕方には国や文化による違いがあります。また同じ場面を見ても生じる情動が人によって異なることもありますね。文化や国だけでなく、その人の置かれた状況によっても情動は変化すると考えられます。

たとえば、親友が恋人と歩いているのをみたときに、「親友が幸せでうれしい」と幸福・喜びを感じることもあれば、（相手によっては）「どうしてあんな相手と付き合うんだ！」と怒りが湧くこともあるでしょう。一緒に遊べないことを悲しいと感じるかもしれません。あなたの虫の居所が悪ければ「あいつだけ幸せになるなんて」と妬みの情動が生じるかもしれません。このように、特定の状況を認識したときにどのような情動が生じるかは、表面的な事実（「親友が恋人と歩いている」）だけでは決まらず、その背後にある様々な情報、また情報の受け手の感情状態によって決定されると言ってよいでしょう。

読解に視点を戻してみましょう。理解表象を構築するには、書き手が提示した情報をもとにつながりを作っていくことが必要でした。したがって、そのテキストベースが適切に構築されているかどうかは、文章中に示されている情報間の関連付けと読み手の頭の中のテキストベースにおける関連付けがどのくらい類似しているかで判断することができます。これはいわば「親友が恋人と歩いている」と理解した段階だと言えるでしょう。

このあと、状況モデルを考えると、読み手によって異なる知識を書いてある内容に結びつけていくので、少しずつ個性が生まれてきます。このとき、構築した状況モデルの先（あるいは中）にどのような感情に関する情報がつながっているかが読み手によって異なってくるのです。文章の内容や読み手の立場・知識によっては、構築される状況モデルやそれに紐《ひも》づけられる情動が大きく違うこともあり得ます。さきほどの「親友と恋人」の例と同じように、知っていることや自分の状況によって「心の動き」が変わってくるのです。

そうなると、どこからが「誤った読解」なのかを判断することは難しくなってきます。物語を読んだ後で「この結末では主人公がかわいそうだ」と悲しみを感じる人がいる一方で、「納得いく解決ができてよかった」と幸福感を感じる人がいても、それ自体がおかしいことだとは言えません。このように考えると、「心を動かす読解」の特徴は、その良さを第三者が決定しにくいというところにあると言えるかもしれません。

　このように言うと「そうだそうだ、だから国語の問題には正解がないはず！」と考える人がいるかもしれませんが、そういうことではありません。国語の読み取りで問題にされるのは、書いてある情報とそこから推論可能なのはなにか、理解表象に関する問いです。物語の登場人物がどのように感じた（と文章から推論できる）か、は問題になりますが、そこであなた個人がどのように心を動かされたかを採点しようとしているわけではないのです。

「あなたがどう感じたか」を問う場合があるとすると、そのときは「どのような状況モデルを作ったか」ということと「あなたの感情」の両方を尋ねているはずです。つまり、文章中の因果をうまくとらえられたか、ということに加えて、それに対応してどんな感情を持ったかを説明できるかが問われているのです。前半の状況モデルにかかわる部分の適切さと、あなたの感情がどのように対応しているのかがポイントになります。適切な方向で心を動かしているかではなく、適切な状況モデルを構築したうえで、どんなふうに心が動いたのかを説明する力を試そうとしているのです。

次のような文章を読んだときの心の動きはどうなるでしょうか。

戦士は懸命に剣を振るったが、竜の力には太刀打ちできなかった。迫りくる炎に一歩また一歩と後退を余儀なくされる。「こちらに退《ひ》いたのは失敗だったか……」と後悔したのは、すぐ後ろが切り立った崖になっていることに気が付いた瞬間だった。

戦士が竜と戦って崖に追い詰められている、戦士は自分の劣勢に気が付いている、という表象が作れたでしょうか。ここまでは適切に読めているか、正解かどうかを判断できます。ではどのように心が動きましたか？　高いところが苦手な人は足元がすくむような不安を感じたかもしれません。怖いなあという気持ちが生じたかも。いや、ここからどんな反撃が出てくるのかわくわく興奮してきた、という人もいるかもしれませんね。どのような感情が生起したかに正しい答えはありません。ですがここで「安心した」とか「幸せを感じた」というときには、なぜそう感じたのか、構築した表象との対応を説明する必要があります。

テスト以外でそうした説明が求められることは日常的にはあまりないかもしれません。ですが、どこまでが書いてあることから構築した表象で、それに対して自分はどのように感じたのかを自分でとらえられるようになることには、私は意味があると思います。例文で「主人公が危機に陥っている、でも自分は幸せを感じた」と不一致を意識することで、「そうか、自分はこの竜を助けたいと思っていたんだな」と自分の視点に気づくかもしれません。こうした気づきは、「なぜ自分は竜を助けたいのか」「この物語の竜は自分にとってどのような意味を持つのか」といったより大きな問いに導いてくれるからです。この大きな問いが自分の枠を広げることにつながるのではないでしょうか。「何を感じようと自由じゃないか、自分は幸せを感じたんだ」で終わりにするのはもったいないです。なぜ自分がそう感じたのか、自分にとってのその物語の意味をより深め、自分の枠を広げる読解ができるはずです。

2　物語への旅

では、文章を読んで心が動くというのはどのようなプロセスなのでしょう。感情が強く生起する場合と、そうでもない場合があるのはなぜなのでしょうか。このカギは物語の世界への「移入」にあるようです。移入とは、物語の世界をまるで現実の世界であるかのように感じ、物語の中での出来事に集中する経験のことです。移入状態になったとき、読み手の心は大きく動くのだと考えられます。

物語の読解についてさまざまな研究をしたゲリグは、物語に移入するプロセスを「旅」の比喩で表現しています。読み手は旅人であり、もともといた世界から少し離れたところに旅に出ます。旅に出ると、もとの世界にいつもどおりアクセスすることはできません。そして旅人は、どこかしら変化した状態でもとの世界に帰ってきます。

これは読み手の移入を大変うまく表している比喩だと言えます。読み手は物語の世界に入り込むと、物語の中の状況を鮮やかに「目に見える」ように感じ、その分、現実世界での出来事に注意がむかなくなります。この状態を示す例としては、時間の感覚が分からなくなって周囲で起きていることに気が付かなくなることが知られています。夢中で読んでいたらあっという間に日が暮れていた、とか、友人に呼ばれているのに気が付かなかったという経験がある人もいるのではないでしょうか。「もとの世界にいつも通りアクセスすることができない」というわけです。

もとの世界にいつも通りアクセスすることができない、というのは、表象を構築する段階にも影響してきます。移入しているときにも文章の表象を構築しようとする点は共通なのですが、状況モデルを構築するときに現実世界の知識が参照されにくくなるのです。そのため、現実世界では矛盾するような出来事が起こってもそれを矛盾ととらえずに表象を構築していくことができます。ファンタジー小説を読んでいるときに、「いや人が生き返ることはないよね」と急に冷めたりせず、「生き返ったんだ、よかった！」と思えるのは、移入によって現実世界の知識との整合性を保とうとしないで済むからです。逆に、なんだか入り込むことができないなと感じるときには、現実世界の知識との矛盾が気になるはずです。「展開が非現実的でちっとも面白くない！」と感じる物語もありますが、これはその物語には自分が移入できないということの表れでもあるのです。

小説を読むのが好きだという人は、頻繁に移入を経験しているのではないかと思います。移入という現象は、物語やフィクションに限定されるわけではありません。ですが、典型的には移入は物語を読んだときに生じる現象だと言えます。これはおそらく、説明文の多くが現実世界を理解することを目的として書かれるのに対して、物語が現実から離れた別の世界を記述していることによるものでしょう。自分が小説を夢中になって読んでいるとき、文章の中の世界は単に「そこに書かれた情報」ではなく、自分自身を取り巻く世界を構成しているように感じられます。読解は、書かれた情報を頭の中で再現して表象を作ることだ、とお話ししましたが、ゲリグが「旅」になぞらえて説明したように、移入は、その再現された表象の世界に自分を投影し、旅をさせることなのです。

もう一つのカギは同一化です。同一化は、物語の登場人物をまるで自分のように感じることで、これも物語によって心が動かされる大きな要因となります。登場人物にどこか自分に通じるところがあると思ったり、「分かるなあ」と感じたりすることで、物語の世界の旅人として自分を位置づけられるのだと考えることができるでしょう。同じ物語展開であったとしても、年齢や境遇など、自分と似ているところが多い登場人物が出てくるときのほうが、物語によって心を動かされやすくなることは知られていますが、これは同一化による影響だと考えられます。自分と全く似ていない登場人物（例えば

「未来世界の天才科学者」のような人物を想像してみましょう）であっても、その人が友人関係に悩んでいたりするようなエピソードを見ると、同一化が促進されてより心が動かされやすくなります。推理小説などで天才的な探偵（シャーロック・ホームズ）には同一化しにくいけれど、周辺の登場人物（ジョン・ワトソンや依頼人）に同一化できるというような場合もありますね。

移入と同一化はそれぞれ異なる概念ですが、物語の世界に入り込んだ状態になっているときは、移入状態で同一化していることが多くなります。私達が強く心を促されるときには、このような物語の世界に入り込んだ状態になることが重要な役割を果たしているのです。

物語に入り込むことで、私達は物語という架空の世界でリアルな感情を経験します。物語の中には、非現実的な体験（竜の背中に乗って空を飛んだり、魔法を使って世界を救ったり）だけでなく、歴史上の人物の人生の体験（キング牧師もヒトラーも）や、現実的ではあるけれども実際の自分とは違う人の体験（老人や幼い子ども）が描かれています。実際の自分にはない特徴を持った人の経験や感情を想像することは難しいものですが、物語に移入し同一化することで、それらの人物の置かれた状況や感情を体験することが可能になるのです。これは、異なる人生をシミュレーションしている状況だといえるでしょう。

3　物語が人を変える

ゲリグは、物語を読むことを旅に喩《たと》え、人が物語によって変化する、とも述べていました。これはどういうことでしょうか。旅は人を成長させる、というのはよく言われることです。これまでに見たことのない風景を見たり、様々な人に出会うことで、感動したり、これまでには持ったことのない感慨を抱いたり、ものの見方が変わったりすることが成長につながるのでしょう。これは物語でも同じだ、というのがゲリグの言いたいことです。旅に出る前の人と帰ってきた人では考え方が違っているのと同じように、物語を読む前と読んだあとで考え方が変わっていることがあります。旅が人を成長させるように、物語が人を成長させるということです。まさに私たちは、物語を使って「自分の枠を広げ」ているのです。

こうした物語を読んだことによる考え方の変化についての研究としては、移入について先駆的な研究を数多く行ったグリーンとブロックの研究が有名です。グリーンとブロックは、「精神に障害のある人がショッピングモールで少女を殺害した」というショッキングな題材の物語を使って、物語がいかに人の考え方を変えるかを実験しました。グリーンとブロックが注目したのは、物語に関連したものの考え方の変化です。たとえば、彼らの実験で使われた物語では、精神に障害のある人が殺人を犯しました。これを読んだ人は「精神に障害がある人を自由に行動させるべきでない」と考えるようになるのでしょうか。さらに、もっと一般的な、世の中はこういうものだというような考え方はどうでしょう。罪のない人が突然命を奪われるという物語として抽象化して捉えると、「暴力は日常的に起こり得る」という気持ちが高まったり、「正義は勝つ」とは言えないという考えが強くなったりしそうです。そのような傾向が実際に観察されるでしょうか。

その答えは、「どのくらい物語に入り込んでいたかによる」でした。彼らの実験では、題材の物語を読ませた上で、実験参加者がどのくらいその物語に「移入」したかに注目しました。移入の程度は、「夢中になって読んだ」「気持ちが動かされた」「鮮やかなイメージを描くことができた」というような質問項目から推測します。「夢中になって読んだ」「鮮やかなイメージを描けた」という人ほど移入していたと考えるわけです。実験の結果、こうして測定した移入の程度が高い人と低い人を比べると、移入の程度が高い人ほど、「精神に障害がある人を自由に行動させるべきでない」と考えたことが分かりました。おなじ物語を読んだ人の中でも、移入して読んだ人のほうが心に変化が生じたのだと言えます。また、「暴力は日常的に起こり得る」とか「正義は勝つ」という考え方にも違いが見られました。移入して読んだ人ほど「暴力は日常的だ」「正義は勝つ、とは言えない」と考えるようになったのです。

グリーンとブロックの研究からは、物語が人の考え方を変える力を持っているということが分かります。ただし、その力は、誰に対しても同じように働くわけではなく、物語の世界を表象しそこに自分を投影させる移入の程度によって異なるという点が重要です。物語の世界に没頭することが、その内容についてよく理解したり記憶したりするという認知の側面だけでなく、私たちの情動や、より一般的な考え方にまで影響を与えるということが分かります。

移入が高まるほど考え方に変化が生じるのは、移入によって現実世界へのアクセスが失われることと関係があります。普段だったら「精神に障害があるといってもその状態は色々なはずだ。〝自由を制限する〟なんて人権の侵害だよ」と思っている人であっても、物語に移入するとそうした普段の考え方にはアクセスしにくくなります。そのため、物語に描かれた「なんの罪もない子どもが殺される」状況に焦点化された思考が促進され「恐ろしい」という感情がより高まりやすくなり、「犯人を野放しにすべきではなかった」と考えやすくなるのです。

グリーンとブロックの研究では、単一の物語が具体的な考え方に影響することを検討していましたが、カナダの心理学者マーは、フィクションを読む経験がパーソナリティにどのような影響を及ぼすかを調べています。彼の研究によると、フィクションを読む頻度は、共感性のような社会的能力の高さと関連することが示されています。マーたちの調査では、顔の表情から感情を推し量る課題を用いて共感性の高さを測定しています。調査では、フィクションを読む頻度だけでなく、その人の性格や性別、年齢などの共感性の高さに関連しそうな様々な要因についても測定を行い、その影響を取り除いたうえでフィクションを読むことと共感性の指標の関連を見ています。調査の結果からは、フィクションと共感性の高さの関連が示され、「フィクションを読む人は共感性が高い」ということが分かりました。

もちろん、こうした調査の弱点として、「共感性が高いからフィクションを読むのか、フィクションを読むから共感性が高いのかわからない」という疑問が残ります。ですが、その後実験的手法でも、一週間フィクションを読んだ人たちは共感性の指標が向上していることが示されました。どうやら「フィクションを読むと共感性が高まる」のだと言ってよさそうです。前の節で述べたような「物語を通して異なる人の体験をシミュレーションする」ことが他者への関心や理解を深め、それが共感性につながっているのだと考えられます。グリーンとブロックが示したような「個々の物語による考え方の変化」が蓄積していくと考えることもできるでしょう。したがって、一つの物語が特定の考え方に影響し、物語を読む経験を重ねることがその人の性格や能力に影響を与えるのです。

4　作戦としての物語説得

個々の物語が人の考え方を変えるという特徴を活《い》かして、「説得のための作戦として物語を用いる」ということもしばしば行われます。これを「物語説得」と読んでいます。次の例文（a）と（b）はいずれも、アヤさんの素晴らしい人間性を説明する文章です。二つの文章を読み比べてみてどのような印象の違いがあるか考えてみてください。

（a）

アヤさんは周りとうまくコミュニケーションが取れる性質を持っている。それだけではなく、まわりが望ましくない行動をしそうになったときに、それを止めることもできる。例えば、友だちと遊んでいるときに、その中の一人がからかわれていたときには、「そういうことはやめよう、面白くないよ」と流れを変えるようなことができるのだ。アヤさんがいなかったら、誰かをからかうような雰囲気ができてしまったかもしれない。ただ人に愛想よくするだけでなく、良い人間関係を作ることができるアヤさんのことを私は本当に尊敬している。

（b）

入学式の後、緊張している私にアヤさんが話しかけてくれた。アヤさんは私だけでなく、周りの新入生にも楽しそうに声をかけていて、アヤさんを中心に笑顔が広がっていくのが見えた。そのあとおしゃべりしていると、一人の子が他の子について「ちょっと変わってるよね」と言い出した。「確かに……」ともう一人が言い出したので、どうしようと焦っていたら、アヤさんがすかさず「そういうのやめよ、面白くないよ」と流れを変えて他の話を始めてくれた。その後は誰かをからかう雰囲気がなくなった。あのときアヤさんがいなかったらどんな人間関係になっていたか考えるとぞっとしてしまう。アヤさんがいてよかった。

（a）の文章では、直接的に「アヤさんが優れた性質を持っている」ことが説明されています。どのような事例からそのように判断したのかも示されていて、わかりやすく説得力がありますね。一方（b）の文章では、「アヤさんがどのように優れているのか」を示す物語が書かれています。アヤさんの素晴らしさは直接的には説明されません。ですが、（a）の文章に劣らず「アヤさんは素晴らしい人だ」と感じることができるのではないでしょうか。

実際にアヤさんが優れた人物であることを説得しようとするとき、（a）のように直接的に説得されると、本当かなあ？　と疑う気持ちが湧いたりして、その説得に抵抗する心の動きが生じます。一方、（b）のような物語で説得されると、そうした抵抗が湧きにくくなります。みなさんも、「説明」を読んだときより、「物語」を読んだときのほうが、アヤさんのことがよくわかってよい印象を持ったのではないでしょうか。

物語説得を作戦として特に活用しているのは広告業界です。物語というとある程度のまとまった文章を想像するかもしれませんが、短い文章でも物語を思い浮かべるように働きかけることは可能です。

お父さんは私のそばには五年間しかいられなかった。でも私を高校生にしてくれた。

ありがとう、お父さん。

○×生命の遺族保険

　というような短い広告の文章だけからも、私達は「幼い子どもを残して亡くなった父親」と「高校生になった子ども」という登場人物の物語を読み取ることができます。そして、「生命保険に入っていたことで子どもが高校に入ることができた」というメッセージを読み取り「生命保険に入ることのメリット」をより強く感じるようになります。これも物語説得の力だと言えます。このような物語を提示することは、「あなたが死んでしまうと子どもの進学が大変になりますから生命保険に入りましょう」と直接的な説得をするより効果的なのです。

　この本は「読む」ことに焦点をおいていますが、物語説得の作戦が用いられるのは文章に限定されるわけではありません。たとえばテレビコマーシャルのような映像などでも「物語説得」の手法が用いられます。

目覚まし時計が鳴って、大慌てで飛び起きる中年女性、キッチンに向かうと子どもたちがにっこり笑って「おはよう！」と言いながらカップスープを差し出す。

というようなインスタントスープの広告映像を思い浮かべてみてください。「インスタントスープはすぐに準備できて便利です」とか「子どもでも簡単に準備できます」とはどこにも明示されていませんが、この短い物語から、私達はこれらのメッセージを読み取ることができ、しかも、「インスタントスープには優れた特質がある」という考え方を強めると考えられます。

5　自分の枠を広げる力としての読解力

これまでの章では文章に書かれている内容について、知識を使いながら表象を構築することを考えてきました。そこでは、読み手は出来上がった世界を横から（あるいは上から）見ているような視点を取っていましたが、物語を読むことは、こうして作り上げた表象の中に自分を投影するような読解だという違いがあると言えます。「移入」や

「同一化」は出来上がった世界の中に自分自身を立たせ、内側からその世界を体験することだと言えます。物語を通して、違う立場から現実世界や現実世界の異なる他者の視点をシミュレーションすることで、読み手の「枠を広げる」ことが可能になるのです。

物語を読むのが好きだという人は、そのようにして自分を表象の中に立たせることができ、それを楽しむことができるということです。一方、物語を読むのはなんだか苦手だ、と感じる人には、表象の中に自分を投影することが難しく感じられるのかもしれません。

物語に移入するには、読み手が関連する知識を持っていることや同一化できる登場人物がいることなど、いくつかの要因が関わっています。また、「移入しやすさ」には個人差があることもわかっています。物語を読む経験がより望ましいパーソナリティに結びつくという研究結果を踏まえると、物語の世界に自分を立たせることは重要な読解力の一部であると言って良さそうですが、どうすればこの読解力を高めることができるかという点については、実はまだ十分な研究がなされていません。挿絵や映像を使って物語（の一部）を視覚化することや、演劇の手法を用いて同一化を促すことなどは有望なアプローチだと言えそうですが、表象を構築することに比べると明確な方略や指導方法を考えるのが難しそうです。

一方で、子どもたちが読み聞かせに夢中になっている様子や、怪談を読んだ後トイレに一人でいけなくなってしまう様子を見ていると、「そもそもみんな物語に入り込んでしまうようにできているんじゃないのかな」という気もします。そうだとすると、重要なのは「物語に入り込む読解力」を失わないようにすることなのかもしれません。

第九章　状況モデルの批判とアップデート

この本のはじめに説明したように、表象構築のさらに先にある目的地としては、「心を動かす読解」のほかに「批判的読解」があります。第一章では、批判的読解が特に重要になる場面としてフェイクニュースや疑似科学などの誤情報の例を挙げました。誤情報を読んでいるときは、その内容についてのテキストベースを構築しても、自分の知識と一貫性を持った状況モデルを構築することができない（するべきでない）状況だと言えます。普通、私たちが何かを読んでいるときは「わからない」というのは良くない状況を表していますが、フェイクニュースや疑似科学の主張を読んだときには、むしろ「わからない」「自分が学んだ知識と矛盾する」と気づくことが重要な役割を果たすことになります。まずは「わからない」と気づく心の働きに目を向けてみましょう。

1 「わからないことがわかる」――メタ認知

メタ認知の働き

みなさんにも、「弱ったな、どうしたらいいか全然わからないぞ」と思った経験があるのではないでしょうか。例えば、数学の問題を解いているとき、外国語で話しかけられたときなど、自分にとって解決が難しい問題に直面したときに、よくこういう気持ちになりますね。逆に、クイズの答えが分かったときや、問題解決の糸口が見つかったときに、「わかったぞ!」とか「ああそうだ、これで解決できるぞ!」と嬉《うれ》しくなった経験もあるのではないでしょうか。

こういった経験は、私たちが自分自身の頭の中がどういう状態になっているかを把握しているということを表しています。「頭の働き」のことを「認知」と呼びますが、「わかった」とか「わからない」といった感覚は、私たちが自分自身の「認知」を把握しているということを指しています。「認知を把握する」ことも「頭の働き」ですから、これは「認知」の「認知」ということになります。この表現ではわかりにくいので、自分の頭の中がどうなっているかを適切に把握することは「メタ認知」と呼ばれています。「メタ」というのは「一段上の」という意味です。ですから、メタ認知は「(認知の)一段上の認知」という意味になりますね。

メタ認知をうまく働かせることは、さまざまな課題を実行したり、問題を解決したりするうえでとても重要です。数学の問題を解いているときの例でいうと、「わからない」ということに気づけば「違う解き方をしてみよう」とか「もう一回教科書の例題を確認しよう」といったように、自分の取り組み方を変更するきっかけを作ることができるからです。英単語や資格試験で必要な知識などを覚えようとしているときも、「まだ覚えられていない」ことがわかっていれば「もう少し勉強しよう」と勉強を続ける判断をしやすくなりますが、まちがって「もう大丈夫」と考えてしまったら「勉強は終わりでいいや」と判断してしまうでしょう。よりよい理解のためにはメタ認知が適切に働いて「わからない」ことが分かることが重要だと言えます。「わかった」「わからない」のような、頭の中の現状把握をする働きを、特に「メタ認知的モニタリング」と呼んでいます。

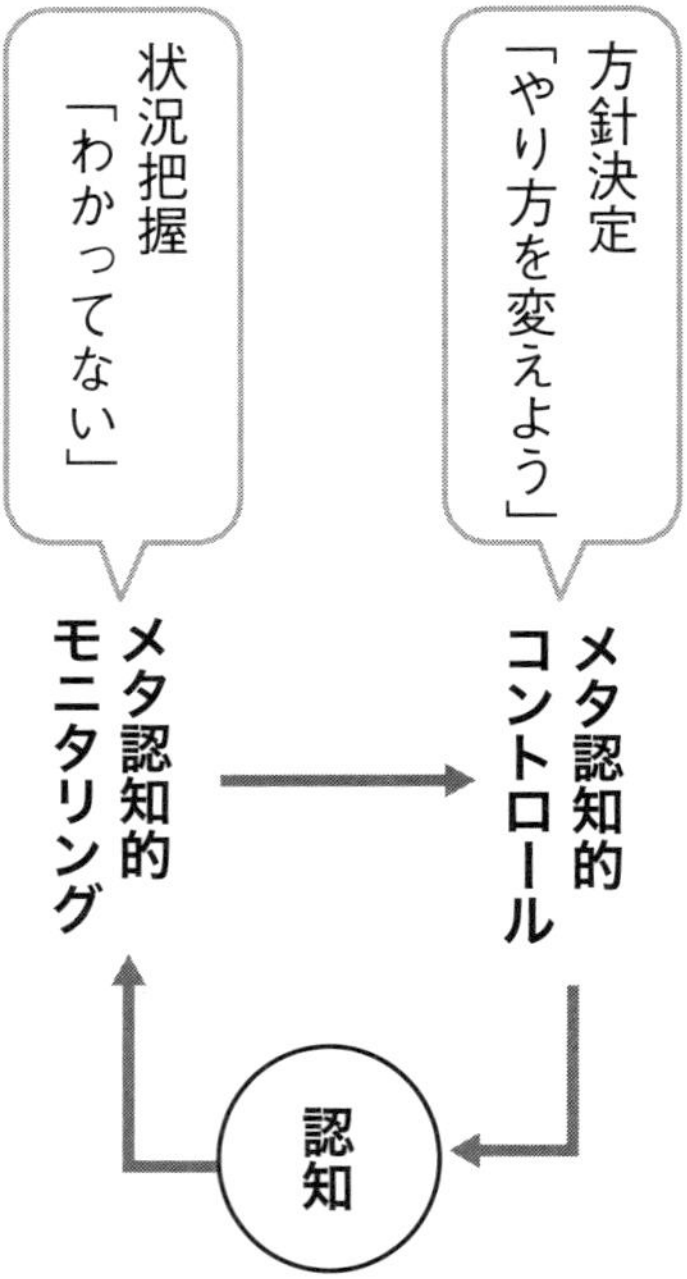

図19　メタ認知コントロールのしくみ

メタ認知的モニタリングで「わからない」ことが把握できたとして、それで終わっては意味がありません。「違うやり方でやってみよう」と方向性を変えたり、「このままもう少し続けよう」と続行したりする判断ができることも重要です。このとき、自分の進む方向を指し示すような頭の働きは「メタ認知的コントロール」と呼ばれています。

メタ認知的モニタリングとコントロールそれぞれがうまく働き協調することで、私た

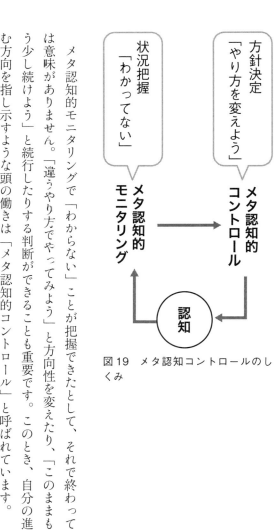

ちはようまく問題に立ち向かうことができるのです。しかし、これがうまくいくためにはいくつか必要な知識があります。そのうちの一つが、「人に関する知識」です。たとえば、「電話番号を一回聞いただけで覚えるのは難しい」とか「睡眠不足だと頭が働かない」というような人間一般の認知のあり方について、あるいは「自分が一番集中して勉強できるのはリビングのテーブルだ」というような自分自身の認知のあり方の特徴についてわかっていることがモニタリングやコントロールに関わる「人に関する知識」です。

また、「課題に関する知識」も重要です。例えば、取り組もうとしている課題がどのくらい難しいかが分かることは、モニタリングをうまく働かせるためには特に重要です。

さらに、「方略に関する知識」も適切なモニタリングとコントロールには必要な知識です。ある問題を解くためにどのようなやり方ができるのか、今自分はどのようなやり方をしているか、どんなやり方に変更できるか、知識がなければ判断することができません。

ここまで、メタ認知について、「問題を解いている状況」やなにか「解決したい課題があるとき」を念頭にお話ししてきましたが、文章を読んでいるときも、メタ認知の働きは重要です。たとえば、あなたが、ここまでの説明を読んで「なんだか抽象的でよくわからないな」と思っているとしたら、それは読解においてあなたの「メタ認知的モニタリング」が（おそらく適切に）働いているという証拠です。このモニタリングを受けて「もう一回読んでみよう」とか、「別の本に説明があるか見てみよう」「例えばどういうことか自分で例を挙げてみよう」などいくつかのやり方が思い浮かんだとすると、それは前に書いたような知識を使いながらメタ認知的コントロールが働いているということです。「わからない」ということが適切に把握できたとしても、その先どうするか、うまくコントロールするためには知識も必要であるということです。

メタ認知はうまく働いてくれるときばかりではありません。人はときに「わかったつもり」になってしまって、自分がうまく理解できていないことを見逃したり、「わからないな」と把握しても「まあいいか」と放置してしまうこともあります。

たとえば、文章の中に明らかな矛盾があっても、その矛盾を無視してしまうというメタ認知的モニタリングの失敗が起こることがあります。子どもの認知についてたくさんの研究をしたマークマンは、小学校三年生に次のような文章を読ませて、こうした失敗が生じることを示しています。

アリは遠くまで出かけるので道に迷わないように特別な方法を使います。帰り道を見つけられるように、目に見えない印をつけるのです。アリたちはどこかに行くと体から特別な化学物質を放出します。この化学物質は目に見えませんが、特別な臭いがあります。この化学物質の臭いを嗅ぐための鼻が必要です。アリに関してほかのお話をすると、アリには鼻がありません。アリは、決して道に迷いません。

大学生はこのような文を読むとすぐに「おかしい」と気づきますが、小学生の多くはこの矛盾に気が付きません。この研究の面白いところは、「なにか筋が通らないところがあるかもしれません。筋が通らないというのはこういうことです」と説明してから矛盾点を見つけるように指示すると、小学生も矛盾を見つけられるというところです。つまり、小学生だから記憶力が少ないのだろう、とか矛盾することが理解できないのだろう、という推測は誤りで、「矛盾するところを見つけよう」という心の準備をすれば、適切にメタ認知的モニタリングを働かせることができるということです。

批判的読解におけるメタ認知

さてここで、本章のテーマである「批判的読解」について、フェイクニュースや疑似科学を目にした場面でメタ認知がどのように働くか考えてみましょう。

例えば、文章の中に矛盾がある場合や、自分の知識との矛盾が生じているような場合には、批判的に読むことは易しいように思われます。ですが、マークマンの実験の参加者のように、その矛盾を読み飛ばしてしまって気が付かないということも十分起こり得ます。アリの文章について矛盾に気がついたという人も、矛盾する内容がもっと巧みに隠されていたら、それに気が付かないこともありそうですね。次のような文章だとどうでしょうか。

ガン研究の世界的権威であるウィロウ博士は、「ガン細胞は人間の細胞から変異します。ですから、体はガン細胞も自分の細胞として認識してしまうのです」とその特徴を説明している。ガンの治療の難しさはこのようなガン細胞の特徴に起因しているのだ。ではどうすれば私たちはガン細胞に対抗できるのだろうか。ウィロウ博士は「免疫システムを良好に保つことが何より大切だ」と言う。免疫システムとは、簡単に言うとウイルスや病原菌などの異物から体を守るシステムのことだ。

なるほど、矛盾しているな、とわかった人が多いかもしれません。この文章の矛盾に気がつくのが簡単であった理由はいくつかありますが、もっとも大きいのは、これまでの文脈において、「矛盾を見つける」という心の準備ができていたことだと考えられます。あなたが、健康情報について調べているときに先の文章を見つけた場合には、同じように矛盾に気がつくのが難しかったかもしれません。普段使わない難しい言葉が出てきたり、「ハーバード大学」のような権威が示されると、「間違いがあるかも」という心の準備はさらに難しくなります（この場合は、「ガン細胞は自分の体の細胞だと認識される」のに「異物を取り除く免疫システム」で対抗するというのは筋が通らないというところが問題でした。気付いたでしょうか）。

そもそも人はいつもきちんと表象を構築する「理想的な読み手」でいるわけではありません。普段文章を何気なく読んでいるときに「なにか矛盾があるかもしれないぞ」と心の準備をしてメタ認知的モニタリングを働かせるというのはちょっと大変すぎます。わたしたちが「浅いレベルの処理で満足しやすい」ということを指して、「ほぼよい表象」と表現している研究者もいます。たとえば次のような短い文を読んでいるときのことを考えてみましょう。

モーゼは方舟《はこぶね》に動物のつがいを乗せた。

ここで、「変だぞ」と気がつかない人が多いのですが、皆さんはいかがでしょう。方舟の物語に出てくるのはモーゼじゃなくてノアなのですが、両者ともに聖書の登場人物で年を取った男性という特徴も共通しています。そうなると、記憶のネットワークの中の近いところに二人の人名があるため、違和感を持ちにくくなるのです。この場合、文章内には矛盾がないのですが、自分の知識との矛盾に気がつくことが課題になります。

私たちは、普段生活する中ではたいてい「ほぼよい表象」で満足するような浅い理解しかしていないとすると、この例のように、自分の知識との矛盾に気がつくメタ認知的モニタリングは困難になります。フェイクニュースや疑似科学といった誤情報はSNSなどの短い文章で広められることもありますが、このときにうまくメタ認知的モニタリングが働かないのは、その情報から「ほぼよい表象」ができてしまうので、知識との矛盾に気が付かない、メタ認知的モニタリングがうまく働かないという理由が考えられます。

誤情報に接した際の困難は、メタ認知的コントロールからも考えることができます。違和感に気付いたとしても、それでよい、という判断がなされれば、誤情報から作られた表象は変化しません。「なんだか違和感があるな」と気づいたときに、「モーゼ」「方舟」で検索してみよう、とか、隣にいる人にも読んでみてもらおう、といった対応をしなければそれまでかもしれません。

誤情報に接したときに、メタ認知を適切に働かせるためには、心の準備をして「ほぼよい表象」では満足しないようにしなくてはなりません。そのときに必要になるのは、誤情報を読む際に関連する知識だと言えます。たとえば、〝有名大学の名前がでてくると信じてしまいやすい〟というような「人に関する知識」があることや、免疫についての知識（これは「内容に関する知識」ですね）があることが役に立ちそうです。またオンラインの場合は「ネットの情報の特徴」や「情報源に関する知識」があることが心の準備を助けてくれそうです（例えばガン細胞についての文章が、匿名のＳＮＳ投稿である場合と、大学の医学部のホームページに掲載されている場合では心の準備が違いますね）。また、違和感を覚えたときの対応方法をいくつか知っていれば、適切なコントロールが働きやすくなります。例えば、〝まずは情報源を確認する〟というような「方略に関する知識」があれば、モニタリングが適切に働きやすくなりますね。

一方で、認知心理学者のサロビッチたちの研究では、「歯磨きは歯周病の原因になる」というような、みんなが知っているような事実に反するような文であっても、読んだあとの正誤判断で、二割程度の人が「正しい」と判断することを示しています。また、正しく「これは間違った情報だ」と判断した人も、その判断に対する自信が持ちにくくなることも示されました。多くの人が「誤りだ」と正しい判断をしながらも、正しい情報を正しいと判断したときよりその判断に対する自信は弱くなりやすく、また誤って「正しい」と判断した人たちの自信は強くなりやすいということがわかります。

また、同じく認知心理学の研究者であるラップの実験では、「自由の女神の像はフランスからアメリカに送られなかった」というような、読み手の知識に反する誤情報を提示したときの読み時間を計測しています。誤った情報を読んでいるときの読み手の読み時間は、知識に沿った正しい情報（「自由の女神の像はフランスからアメリカに送られた」）の読み時間に比べると、少し長くなっていました。これは、読み手が「なんかおかしいな」と違和感を覚えているためであり、メタ認知的モニタリングが働いていると考えることができます。

ラップたちの実験では、誤情報の前に提示する情報が「知っている知識に疑問をもたせるような雰囲気」で書かれたときと、「知っている知識に沿った明確な雰囲気」で書かれたときを対比しています。つまり、自由の女神の例で言えば、「フランスは資金が乏しく、この計画が失敗に終わる気配がしていた」というように書かれた場合と、「フランスは資金が乏しかったので、寄付を募った。これにはアメリカの実業家も協力した」と書かれた場合を比べたのです。こうした文脈の提示のしかたが読み時間に与える効果は、正しい情報か誤った情報かで異なっていました。誤情報を提示したときは、疑問をもたせるような雰囲気のときに、正しい情報の場合は、知識に沿った明確な雰囲気のときに読み時間がそれぞれ速くなったのです。誤情報を読む場合も、正しい情報を読む場合も、そこまでに構築してきた文章の表象にうまく当てはめられる場合にはすぐに処理ができますが、一致しない場合には時間がかかってしまうのです。

2　間違った知識を修正する

ここまで、私たちに知識がない場合や正しい知識を持っている場合に、誤情報を提示されることを想定して考えてきましたが、私たちが持っている知識は必ずしも正しいわけではありません。生活の中で絶対に科学的に正しい知識を獲得できるわけではなく、生活している中では妥当だけれども、科学的ではないという知識を持つこともあります。生活の中から身につけられた、概《おお》ね正しい予測につながるが科学的知見とは一致しない知識のことを、素朴信念と呼びます。たとえば、子どもに「銀行とはどういうところか」と尋ねると、「お金を預かってくれるところ」というような「貯金箱」のイメージで回答することがあります。確かに、生活の中で銀行との関わりを考える上では間違っていないのですが、銀行の仕事の説明としては適切とは言えませんね。また、大人も持っている素朴信念については、次のような問題が有名です。

飛んでいる飛行機から物を落としたら、その物体はどのように落ちていくか？

A．真下、B．前方（飛行機の進行方向）、C．後方（飛行機の後ろ方向）

この問題を出題したクレメントは理系の大学の教員でしたが、理系大学生の約半数が「A」を選択しました。実際には、「B」が正解なのですが、私たちは普段落としたものが真下に落ちていく経験をする中で、「ものは真下に落ちるものだ」という素朴信念を形成しているのだと考えられます。たしかに、静止した状態で落とせば真下に落ちますが、この問題のように動いている場合、その方向に運動し続ける慣性が働きます（乗り物に乗っていて急ブレーキをかけられると進行方向に体が引っ張られるような感じになりますね）。慣性は中学校の理科で勉強しますが、クレメントの実験に参加した大学生同様、大人も「真下に落ちる」と答えがちです。素朴信念は生活の中で繰り返されてきた経験と結びついているため、ただ「真下に落ちるのではなく、慣性の法則に従うのですよ」と言われても、なかなか修正しきれないのです。

フェイクニュースや疑似科学のような誤情報を信じてしまった場合も、修正するべき知識があるという点では、素朴信念が構築された場合と同じだと考えられます。フェイクニュースや疑似科学について、知識を修正しようと働きかける場合には、その内容だけを否定しても十分に知識を修正しきれないことがあるのです。いったんある情報を受け入れると、その情報に関する表象が構築されるため、その情報だけをピンポイントで消そうとしても、ほかの情報とつながっている部分があるためうまく消すことができないのです。誤情報の場合、修正がうまくいかず、影響が残り続けてしまうことを特に「誤情報持続効果」と呼んでいます。

素朴信念も誤情報も、「それはちがうんですよ、正しくは○○です」といえば済むように思われがちですが、実際にはもう少し厄介で、「うまい修正」をしないといけないということがわかってきたのです。

どうして修正しきれないことが起こるのか、また、どうすればよりうまく修正できるのか、という問いに対しては、表象の観点からその答えを考えることができます。私たちは一貫した表象を構築してそれを維持しようとするので、部分的に否定するとその一貫性が壊れてしまいます。正確であることより、知識の表象が全体として一貫していることが優先されるため、いったん誤情報であることが指摘されると、その場では「なるほど」と言っていても、すぐに一貫したもともとの情報を優先してしまうのです。

こうしたプロセスについて、文章理解の研究者であるケンドウたちは、知識更新フレームワークという枠組みで説明しています。知識更新フレームワークでは、一度構築された知識表象を単純に「消してしまう」とか「正しい情報に置き換える」ことはできない、という前提を置いています。訂正情報が示された場合には、誤情報と正しい情報の両方が頭の中に存在していて、どちらか、より強く活性化された方が残る、と考えます。

ここで、誤情報を含む文章を読んだときのことを考えてみましょう。たとえば、〝森林火災の原因が放火であった〟という内容を読んだとすると、ちょうど図20のようなテキストベースの表象が構築されると考えられます。

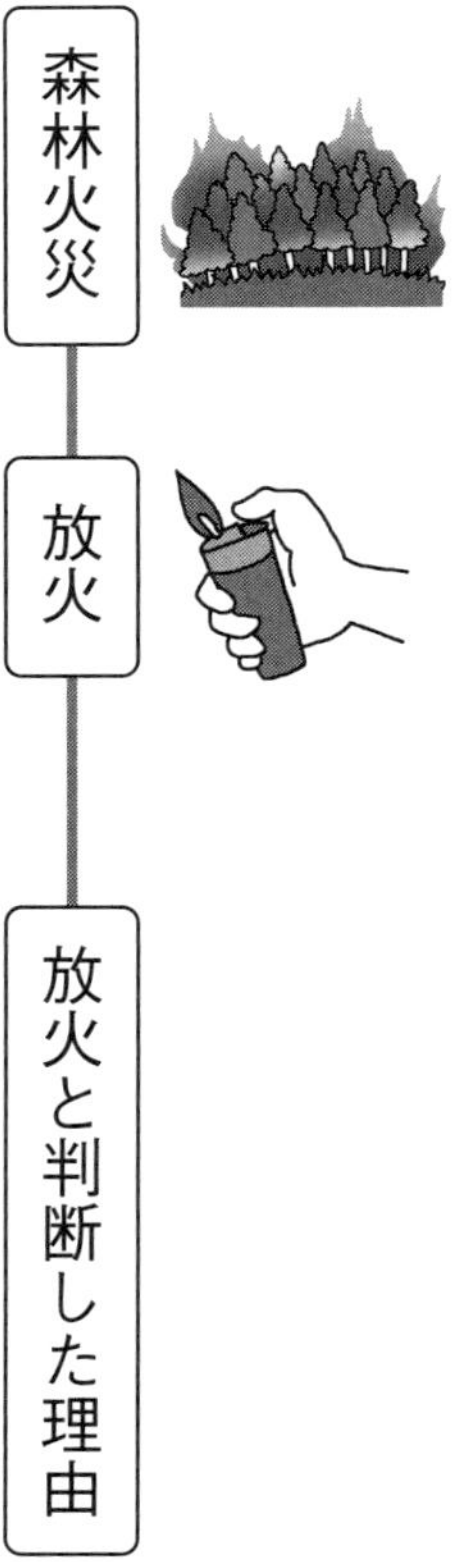

図 20

ここで、「放火というのは間違いで、実際は極度の乾燥が原因だった」という訂正がなされたらどうなるでしょうか。知識更新フレームワークの考え方に従うと、「放火」の部分を単に「乾燥」に置き換えることはできず、両方の情報が並立することになります。

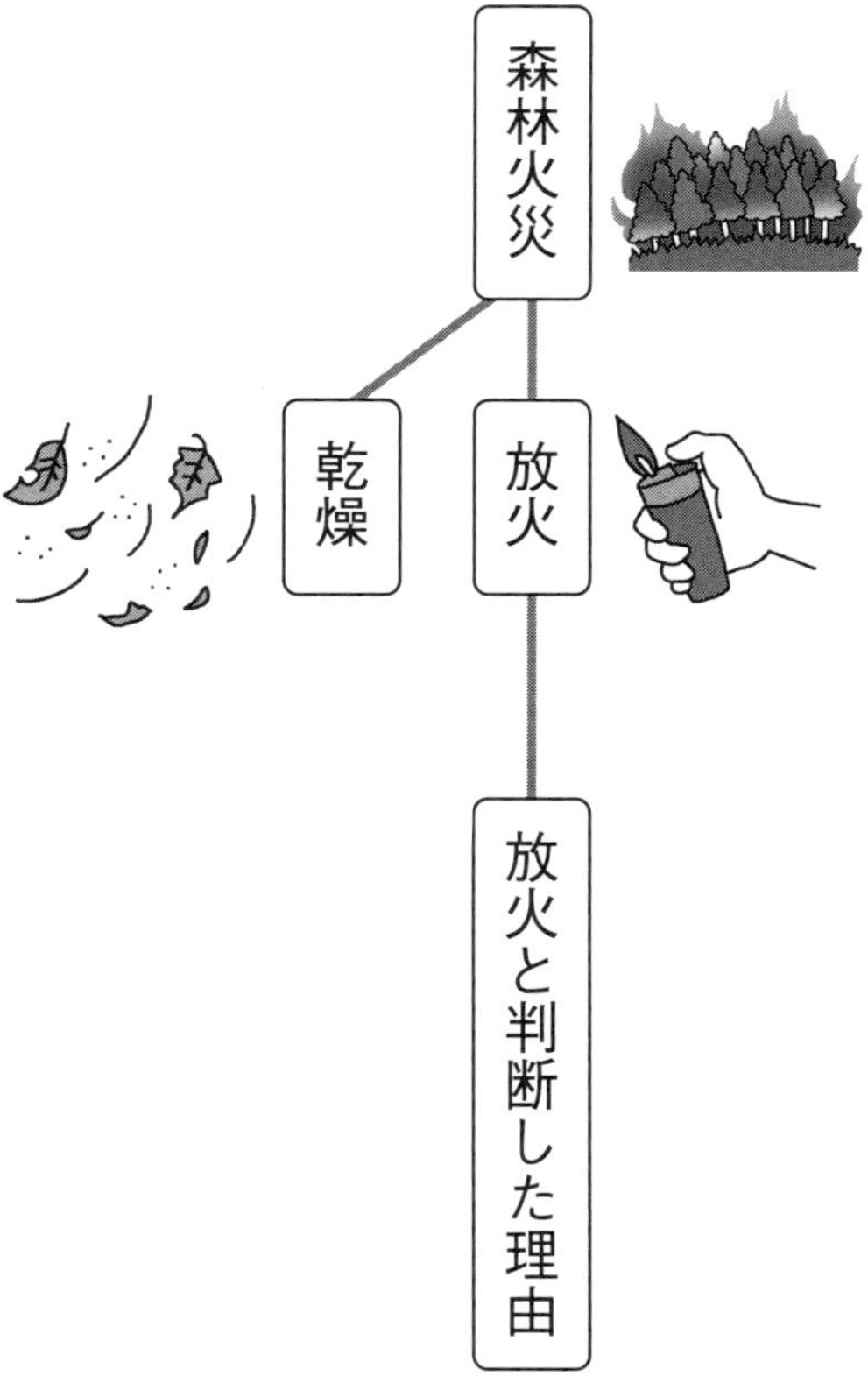

図21

訂正情報が示された直後であれば、「乾燥」の情報が強く活性化されているので、訂正がうまくいったように思われるかもしれません。ですが、「放火」という誤情報が「放火と判断した理由」とつながっていることに注目してください。このつながりがあるために、「放火」という誤情報のほうが、正しい情報より全体として一貫した表象を保てます。そのため、いったんうまく訂正できたように見えても、「放火」という情報が残ってしまいますし、「乾燥」より強く活性化されやすい状態が続きます。

したがって、誤情報をうまく修正するためには、「放火と判断した理由」を切り離したり、「乾燥」が一貫した表象を構築できるような情報を加える必要があります。たとえば、「近隣で放火があった」とか「オイルの跡があった」といった情報があったのなら、「近隣の放火犯はすでに捕まっていた」とか「オイルの跡があったのは火元からだいぶ離れたところであった」という情報があれば、「放火」と判断した理由として記述されたことと、「乾燥」という正しい情報が一貫性を保つことができます。このような一貫性を保つ説明が加えられることで、訂正情報がより活性化されやすくなり、誤情報の影響を抑えることができるようになると考えられるのです。

3　誤情報に対抗するためにできること

私たち一人ひとりが誤情報に対抗するためには何ができるでしょうか。ここまでの内容から、誤情報に対抗するためには、まずメタ認知をうまく働かせること、そのための知識と心の準備をすることが重要であると言えます。

誤情報に対抗するための知識としては、「特に注意するべき誤情報」がどのような特徴を持っているかを知ることが有効だと言われています。誤情報研究で有名なファン・デル・リンデンは、悪意のある誤情報の特徴として次の六つを挙げています。

①　論点をすり替えたり否定したりして（正しい）情報の信頼性を貶《おとし》めようとする

②　感情に訴えかけて読み手を操作しようとする

③　人々を分断し対立させようとする

④　別の人や組織であるかのように振る舞う、なりすまし

⑤　主流となっているストーリーに陰謀論を用いて疑問を持たせようとする

⑥　すでにある緊張を誇張したり不和を煽《あお》ったりして世論を操作して、人々の意見を変えようとする

例えば、「〇〇ワクチンが推奨されるのは、医師がそれによって大きな利益を得るからだ」とか「地球温暖化は大国が他の国の経済発展を妨害するためにでっち上げたウソだ」というような典型的な誤情報を見ると、これらのような特徴が分かりやすく表れていますね。こうした兆候を目にしたときに、自分のメタ認知モニタリングの感度を高められれば、誤情報であることを適切に見抜きやすくなるでしょう。

また、違和感を感じたときに、その正体を確かめるような方略を知っておくことも重要です。例えば、ファクトチェッカー（様々なニュースやオンライン上の情報が「事実」と言えるかチェックする仕事をしている人たち）がよく用いる方略として、「横読み」というやり方があります。教科書を読むときのように、その内容を深く処理しようとする「垂直読み」に対して、書いてある内容を深く処理する前に、その情報の出どころや著者について調べ、関連する他の資料を確認するという読み方です。「ちゃんと読む」と

いうときに私たちは「垂直読み」を想定しやすいですが、しっかり読むより先に関連情報を見ることが誤情報に対抗するときには効果があります。何か知りたいことがあるときに、まずオンラインで検索をするような現状を踏まえると、「横読み」が良い方略として働く場面も多いと言えそうです。

ただし、誤情報に自分だけの力で立ち向かうのはいささか無謀といえるかもしれません。ただでさえ人間は「ほぼよい表象」で満足しやすいのに、多くの情報に接する中ですべての情報に適切に対応するのは難しいからです。誤情報が広がりにくい情報空間を作っていくこと（たとえばSNSプラットフォームの「規制」のあり方など）や、他者との建設的な意見交換の場を持つことなど、誤情報が広まりやすい環境の内外を変えていくことも合わせて考えていく必要があるといえるでしょう。

4　持っている枠を超える力としての読解力

この章では、誤った情報を信じてしまう背景や、その訂正について考えてきました。読解のゴールは表象構築ですが、その表象のあり方が誤情報に対する脆弱性《ぜいじゃくせい》にもつながっていると言えます。多くの人が「正しい情報を伝えさえすればよい」と考えていますが、それではなかなかうまくいかない、ということを理解していただけたのではないかと思います。誤情報を訂正するとき（あるいは素朴概念を訂正するとき）の難しさは、誤った情報が他の情報とつながった表象を構築しているという点から理解することが重要でした。

一つの事実についての誤情報であっても、それを信じる背景には、それを受け入れやすい要因や文脈が関わっています。たとえば、もともと持っていた考えや意見に沿っている誤情報は、そうでない誤情報より受け入れやすいものです。例えば、もともと人種や国籍について偏見を持っている人のほうが「外国人が犯罪行為をしている」という誤情報を信じやすいと言えます。もともとの偏見が、メタ認知を働かせる心の準備を邪魔することもあるでしょう。また、訂正情報が誤情報に負けずに活性化されるために追加しなくてはならない情報も多くなりそうです。

誤情報を信じてしまって修正できないという現象には、もともとの知識や信念のようなあらかじめ自分が持っている枠が影響しています。人はなかなかこの枠を乗り越えて情報を見ることができません。自分の力だけでこの枠を超えていくのは難しいことですが、この章で述べてきたような誤情報を受け入れることやその訂正についての知識を、皆さんが誤情報に向き合う際のメタ認知的知識として活用してほしいと思います。誤情報に対して「心の準備」をしてメタ認知的モニタリングがうまく働くようにすることが重要ですが、いつもその状態を維持するのは大変です。メタ認知的モニタリングの感度を高めたほうが良い場合、つまり、悪い誤情報の特徴や、違和感を覚えた場合の方略を意識することが、生活の中で誤情報に対応し、批判的読解という目的地にたどりつくためのポイントになるでしょう。

第一〇章　おわりに——読解力の地図は描けたか

この本の目的は、人間が「読んで理解する」とはどういうことか、心理学の研究の成果を通して理解することで、「読解力の地図」を描くことでした。なんとなく「読んで分かるのは当たり前」とか「自分は読解力がないなあ」といった感覚を、「自分はどこを目指しているのか」「今いるのはどこか」「目指す場所に行くにはどんなことが必要か」といったよりはっきりした地図に置き換えることができたでしょうか。ここまでのポイントをまとめてみましょう。

①　線を文字として認識して、文章全体で表現されている世界を頭の中に再現するところまでが読解のプロセスで、たくさんのステップがある。線を文字として認識することや、そこから単語の意味にアクセスするような基礎的なプロセスがうまれつきうまくできない人もいる

②「読み上げること」と「読んで理解すること」は同じではない。読み上げることはできても世界を再現できないこともある

③読んでいる内容に関連する知識や、読み方（方略）についての知識が読みのプロセスを助ける（場合によっては邪魔をする）

④物語に感動することが、再現した世界をより豊かにし、もともとの考え方を変える力を持つ

⑤自分の頭の中の状況が見えにくいときには、読んでいる内容がおかしいことに気がつきにくい

⑥知識のアップデートをするには、再現した世界のつながりごと修正しないとだめ。表面的な否定では十分なアップデートができない

読むことの目的地として、「表象構築（文章で表現された世界を再現すること）」とその先にある「心を動かす読解」「批判的読解」を取り上げましたが、これはいずれも自分の知識や考え方、感情の枠を広げていくということにつながっていると私は考えていま

す。読むことは、自分が実際に経験できることを超えて、自分の枠を広げ、乗り越えていくことです。ですから、自分は読むのが苦手だ、と読むことから離れてしまわないでほしい、読むことのつまずきをうまく超えて、自分の枠をどんどん広げていってほしいと思います。読解力をつけたいなあ、と漠然と考えていた人も、ぜひ、「自分にとって最も重要なポイントはどこなのか」「自分は何ができるようになると嬉《うれ》しいのか」と考えてみてください。

人によって重要なポイントは違っているでしょう。ですから、「読解力をつけたならこうすればいい」という「みんなに共通する〝すばらしい〟道筋」を提示することは難しいと言えます。多くの場合は、「表象の構築」という第一の目的地にたどり着くことができるか、が問題になります。ですが、場合によってはそこが最終目的地ではなく、読んで感動することや、誤情報を見抜くこと（あるいは知識のアップデートをすること）が最終目的地になっているかもしれません。もしかすると、「自分は第一の目的地にはいけるけど、その先はむずかしいな」と感じる人もいるかもしれませんね。

人によって重要なポイントは違っているのですが、「読解力は生まれつきでどうしようもない」わけでもないということも重要です（読み上げるという一番基礎的な部分は「どうしようもない」ことがありますが、その場合は「聞いて読む」というようなほかの方法でその先を考えてもらえればと思います）。読解の方略（読み方）を知ることで第一の目的地にたどり着きやすくなりますし、心の準備をすることで批判的読解がしやすくなります。

　このように、読むことの心理プロセスに基づいて、理解に関連する要因について知ることは、自分の読解を助ける武器になります。「とにかくたくさん読むしかない」と思っている人より、「自分は読解のこのポイントが苦手だから、ここをクリアできるようにこうやって読んでみよう」と考えられる人のほうが、つまずきを解消しやすいはずです。この本を読むことが、皆さんがつまずきから立ち上がり、自分の目的地にたどり着くための杖《つえ》になれば、筆者として心から嬉しく思います。ぜひ、自分の読解の目的地までの道筋に一番関連しそうなポイントを考えて、その内容について書かれている章をもう一度読んでみてください。

　ここまで述べてきたように、筆者としては、この本が皆さんの「役に立つ」本であってほしいと思っています。ですが、読解に興味を持って研究をしている心理学者としては、「役に立つ」こともまあ重要だけれども、「読んで理解するというのは、思っていたより複雑で面白いな」とか「人間の頭の働きっておもしろいなあ」と感じていただけたら、それが一番嬉《うれ》しい、ということもお伝えしたいと思います。人間の頭の働きは、まだわからないことがいろいろあります。「脳を調べればいいんじゃない？」と思うかもしれませんが、ただ脳を見るだけでは人間の行動や思考がどうなっているのかは分かりません（もちろん脳を調べてみるというのも心理学の重要なアプローチの一つですが）。読むことの心理プロセスをきっかけに、記憶することや考えること、問題を解くことといった人間の様々な「頭の働き」にみなさんが興味を持ってくれることも、実はこっそり期待しています。

もっと知りたい人へ

興味を持ってくださった皆さんに、ぜひ読んでいただきたい書籍を何冊かご紹介します。この本で紹介した実験や調査について、出典は、筑摩書房ＨＰ（https://www.chikuma

shobo.co.jp/product/9784480685131/）に掲載してあります。興味のある方はぜひ参考にしてください。また、ここに挙げる本を読んでいただけるとより詳しい解説があります。

・『読む心・書く心――文章の心理学入門』　秋田喜代美《きよみ》、北大路書房
もっと読むこと書くことを詳しく知りたい人は、ぜひこちらを読んでみてください。本書では十分に取り上げられなかった「書くこと」にも視野を広げて、読みと書きがどんなふうにつながっているのかにも言及しています。堅い本は苦手だという人にもお勧めできます。

・『論理的読み書きの理論と実践――知識基盤社会を生きる力の育成に向けて』　犬塚《いぬづか》美輪《みわ》・椿本弥生《つばきもとみお》、北大路書房

・『文章理解の認知心理学――ことば・からだ・脳』　川﨑惠理子《かわさきえりこ》編、誠信書房
この本に紹介した実験や調査をもっと詳しく知りたい、もっと専門的に学びたいという人にはこちらの二冊をお勧めします。人が読んで理解するプロセスは知れば知るほど

奥が深く興味深い！と思っていただけると思います。

・『認知心理学の視点―頭の働きの科学』　犬塚美輪、サイエンス社

・『ことばと思考』　今井むつみ、岩波書店

もう少し視野を広げて、心理学のことを知りたい、考えるプロセスってどうなっているのかな、という興味を持った方はぜひこちらを読んでみてください。人間の頭がどのように働くのか、意外に思われること、なるほど！　と感動することがたくさんあると思います。

読者のみなさんが、読解の目的地にうまくたどりついて自分の「枠」をどんどん広げていくことを、そしてあわよくば心理学の面白さに気づいてくれることを願っています。

最後にひとこと……

本書の執筆にあたり、ご協力くださった皆さんにお礼を言わせてください。構想段階

から相談に乗ってくださった筑摩書房の橋本さん、パワフルに仕上げてくださった鶴見さん、ぐずぐずしていてごめんなさい。たくさんお力添えくださってありがとうございました。本書の表象構築を超えた目標地点「心を動かす読解」と「批判的読解」をこういう形で整理できたのは、一緒に研究している皆さん、小中高等学校の先生がた、学生さんとの議論のたまものです。読解について科学的な研究を知ること、実践すること、そしてその知見にもとづいて子どもたちが学ぶ場に参加することが私の核になっていると思います。最後に、常に私の一番の理解者であり、相談相手でもある夫と娘たちに、心からの愛と感謝をささげたいと思います。いつもほんとうにありがとう。

イラスト　たむらかずみ

ちくまプリマー新書

001
ちゃんと話すための敬語の本
橋本治
敬語ってむずかしいよね。でも、その歴史や成り立ちがわかれば、いつのまにか大人の言葉が身についていく。これさえ読めば、もう敬語なんかこわくない！

052
話し上手 聞き上手
齋藤孝
人間関係を上手に構築するためには、コミュニケーションの技術が欠かせない。要約、朗読、プレゼンテーションなどの課題を通じて、会話に必要な能力を鍛えよう。

076
読み上手 書き上手
齋藤孝
入試や就職はもちろん、人生の様々な局面で読み書きの能力は重視される。本の読み方、問いの立て方、国語の入試問題などを例に、その能力を鍛えるコツを伝授する。

191
ことばの発達の謎を解く
今井むつみ
単語も文法も知らない赤ちゃんが、なぜ母語を使いこなせるようになるのか。発達心理学、認知科学の視点から、思考の道具であることばを獲得するプロセスを描く。

ちくまプリマー新書

226
何のために「学ぶ」のか
――〈中学生からの大学講義〉1
外山滋比古／前田英樹
今福龍太／茂木健一郎
本川達雄／小林康夫／鷲田清一
大事なのは知識じゃない。正解のない問いを、考え続けるための知恵である。変化の激しい時代を生きる若い人たちへ、学びの達人たちが語る、心に響くメッセージ。

227
考える方法
――〈中学生からの大学講義〉2
永井均／池内了／管啓次郎
萱野稔人／上野千鶴子
若林幹夫／古井由吉
世の中には、言葉で表現できないことや答えのない問題がたくさんある。簡単に結論に飛びつかないために、考える達人が物事を解きほぐすことの豊かさを伝える。

228
科学は未来をひらく
――〈中学生からの大学講義〉3
村上陽一郎／中村桂子／佐藤勝彦
高薮縁／西成活裕／長谷川眞理子
藤田紘一郎／福岡伸一
宇宙はいつ始まったのか？ 生き物はどうして生きているのか？ 科学は長い間、多くの疑問に挑み続けている。第一線で活躍する著者たちが広くて深い世界に誘う。

229
揺らぐ世界
――〈中学生からの大学講義〉4
立花隆／岡真理／橋爪大三郎
森達也／藤原帰一
川田順造／伊豫谷登士翁
紛争、格差、環境問題……。世界はいまも多くの問題を抱えて揺らぐ。これらを理解するための視点は、どうすれば身につくのか。多彩な先生たちが示すヒント。

ちくまプリマー新書

230
生き抜く力を身につける
――〈中学生からの大学講義〉5
大澤真幸／北田暁大／多木浩二
宮沢章夫／阿形清和
鵜飼哲／西谷修
いくらでも選択肢のあるこの社会で、私たちは息苦しさを感じている。既存の枠組みを超えてきた先人達から、見取り図のない時代を生きるサバイバル技術を学ぼう！

305
学ぶということ
――続・中学生からの大学講義1
桐光学園＋
ちくまプリマー新書編集部編
受験突破だけが目標じゃない。学び、考え続ければ重い扉が開くこともある。変化の激しい時代を生きる若い人たちへ、先達が伝える、これからの学びかた・考えかた。

306
歴史の読みかた
――続・中学生からの大学講義2
桐光学園＋
ちくまプリマー新書編集部編
人類の長い歩みには、「これから」を学ぶヒントがいっぱいつまっている。その読み解きかたを先達に学び、君たち自身の手で未来をつくっていこう！

307
創造するということ
――続・中学生からの大学講義3
桐光学園＋
ちくまプリマー新書編集部編
技術やネットワークが進化した今、一人でも様々なことができるようになってきた。新しい価値観を創る力を身につけて、自由な発想で一歩を踏み出そう。

chikuma primer shinsho

ちくまプリマー新書 480

読《よ》めば分《わ》かるは当《あ》たり前《まえ》？　読解力《どっかいりょく》の認知《にんち》心理《しんり》学《がく》

二〇二五年一月十日　初版第一刷発行
二〇二五年六月十日　初版第四刷発行

著者　犬塚美輪（いぬづか・みわ）

装幀　クラフト・エヴィング商會
発行者　増田健史
発行所　株式会社筑摩書房
東京都台東区蔵前二－五－三　〒一一一－八七五五
電話番号　〇三－五六八七－二六〇一（代表）
印刷・製本　株式会社精興社

ISBN978-4-480-68513-1 C0237　Printed in Japan